"法律就像旅行一样，必须为明天做准备。它必须具备成长的原则。"

——著名大法官：卡多左曾

◎节目编辑：

蔡佩佩　边婷　李博文

◎律师：

曹飞跃　张东辉　葛福资　董瑞　康建宏

山西省 12355 青少年公共服务平台支持阅读
"私家帮办"律师联盟公益援助

葛福资律师

董瑞律师

张东辉律师

曹飞跃律师

康建宏律师

主编/王 萍

律师在线

Lawyer Online

---

1 位资深女主播　　**5** 位专业大律师

联袂打造的一本"法律公益援助读本"——

精选 1000 多次真实的电台法律咨询的连线实录

解决 1000 多种常见的中国百姓生活的法律纠纷

山西出版传媒集团

山西经济出版社

康建宏　山西华闻律师事务所金融业务部主任。

董瑞　山西中硕律师事务所主任。

葛福资　山西丹清律师事务所创始合伙人、主任。

张东辉　山西祐成律师事务所主任。

王萍　30年资深媒体人『私家帮办』法律援助公益推广人。

曹飞跃　山西臻兴律师事务所主任、律师。

Veteran Media
Personality

王萍

扫码关注《法律私家帮办》公众号

王萍主编

◎职业奖项：

太原市优秀新闻工作者、十佳新闻记者、荣获专业奖励50余项。

◎主编的话：

因为有态度，听众信赖我们；因为有专业，听众信任我们。

我们，坚持用专业的知识解决专业问题，和听众一起探索解决问题的方法；我们，坚持用人文的关怀滋养听众，让困惑的人感受到法律的温暖。

序 / 王萍

法律知识多一点，生活麻烦少一点

做广播20年，我见证了共和国的法治进程。

做帮办节目7年，我和我们的律师团队伴法制建设同行，叙写着法律进步的篇章。

做法律咨询服务类节目7年来，作为一线主播，我接到过数不清的电话咨询。大大小小的矛盾纷争，在我们与资深律师搭建的电波里、平台上、纽带中，一一化解。

我们坚持用专业的知识解决问题，和听众一起探索解决问题的方法；我们用人文的关怀滋养听众，让困惑的人感受到法律的温暖。

一个个矛盾化解的同时，引发了我对法律知识、法律纠纷、解决方案的思考。

我很长时间都在想：

因为有态度，听众信赖我们；

因为有专业，听众信任我们。

从而也发觉：

因为电波和律师的联手，我们的纽带有了温度。这温度，来自我们和律师携手搭起的具有援助意识的坚实桥梁。

回想我们的连线，在一次次倾诉中，在一段段解答里，解决了来自婚姻家庭、房产继承、子女赡养、交通安全等的无数困扰。

但，电波里的互动终究是有限的，能帮助的群体也是有限的。

因此，我邀请了曾经出现在电波中、深受听众喜爱的五位金牌律师，将自己熟知的法律知识和常用的经验积累汇集成书，为大家总结出 150 个生活中常见的法律问题，并辅以解决办法。

让无形的知识和有形的服务完美结合，是我想做的一件小事，是服务读者的一件大事。

所以，有了《律师在线》这本书。这本书积聚了多位律师界精英的智慧和经验，对《婚姻法》《继承法》《劳动法》《消费者权益保护法》《道路交通安全法》《物权法》等常用的法律法规进行了通俗易懂的诠释，使法治从观念走向现实。

我相信，当你遇到生活中的常见问题时，这本法律问题实用解答手册可以帮助你拨开迷雾，快速找到解决的方法。

"明法者强，慢法者弱。"

希望通过这本书，传播法律知识，解决实际问题，让听众与读者都能够知法、懂法、守法。

希望通过这样一种从电波到文字的转换方式，能够让更多电波以外的人，及时了解法律知识，用法律来保护自己，捍卫自己的权益。

更希望，让每一个渺小的粒子，都能够在茫茫人海中，因"普法、知法、懂法"而变得更加强大，人生旅程中有法律知识护航，有公平正义相伴。

著名大法官卡多左曾说，"法律就像旅行一样，必须为明天做准备。它必须具备成长的原则"。

愿我和律师团队联合打造的这本书，能够帮助大家恪守法规，远离纷扰，尽享自由人生！

目录

Lawyer

曹飞跃

扫码关注山西臻兴律师事务所

曹飞跃律师

曹飞跃律师，毕业于中国政法大学、北京大学，法学学士学位，山西臻兴律师事务所主任、律师，第二届全国青年运动会公共法律服务保障法律顾问，山西省优秀律师，山西省律师协会第六届理事会理事，太原市律师协会政府与行政法律事务委员会副主任，共青团太原市青联常委、委员，2018 年援疆青联委员，太原市司法局、太原市中级人民法院、太原铁路运输中院确认的 2019 年度太原市第一期律师调解员，太原市仲裁委员会仲裁员。

律师热线：13503512087

律师格言

和谐民基，

法治天下。

——曹飞跃

1

曹飞跃律师
导引房屋置业的法律"攻略"

>>> 32 个必知问答 + 30 个必读案例

问答篇

问题一,签订购房合同需要注意哪些事项？

律师分析及法律建议：

1. 一定要审查开发商是否具有商品房预售许可证,一般情况下有了商品房预售许可证,则标志着开发商具有土地使用证、规划许可证、建设工程许可证等,这是买房能否办产权证的关键。

2. 一定要采用房地产管理部门统一印制的标准房屋买卖合同文本,并按照文本中所列条款逐条逐项填写并理解条款全部内容,尤其是对于房屋产权办理、违约责任等条款一定要慎重对待,千万不能马虎。

3. 一定要注意合同条款中双方所填写的内容中权利与义务是否对等。有一些开发商的合同文本事先已填写好甚至补充条款也由自己填好,这种填写好的合同文本大多存在着约定的权利义务不平等的情况,一旦发生此种情况,买房人一定要提出自己的意见,坚持签订合同的原则底线、抵制合同霸王条款,决不能草率行事。

4. 一定要分清房屋暂测和实测面积。对房屋预售合同上的暂测面积和交房时的正式合同上的实际面积差异提出意见,并写入正式合同的有关条款或增写补充条款,只有在合同中对面积差异有了详尽的约定后,才能避免因面积出现差异而产生的房屋价款补差价争议。

5. 一定要讲究房屋买卖的付款方式是否规范。在合同中对付款的数额、期限、方式及违约责任等做出约定。有的开发商不是先签订合同,而是先让购房者交纳一定数额的定金,只给购房者一个收条,一旦发生纠纷往往造成购房者在追究开发商责任方面的举证困难。

6. 一定要认准交房日期。实践中,开发商延期交房是经常出现的纠纷,开发商在预售合同上往往大做文章,如只注明竣工日期,而不注明交付使用日期,运用"水电气安装后、质量验收合格后、小区配套完成后"等一些模糊语言。近几年,随着环境保护的力度加大,有的开发商甚至在合同中添加因出现环保整改等行为,也属于开发商正当延期理由的条款。对此,购房者在签订合同时,一定要将交房日期明白无误地规定为"某年某月某日",并注明开发商不能按时交房所需承担的违约或者赔偿责任。

7.在签订房屋买卖合同时，最好请律师或行家从法律的角度代你审查合同文本，以减少一些不必要的损失，明确违约责任。

问题二,房屋买卖行为目前在哪些方面容易存在纠纷?

律师分析及法律建议：房屋买卖行为目前存在的纠纷大致为:签约后购房者要求退房、不按期付款;开发商卖房后要求换房,不按期交房;达不到交房条件却强行交房;开发商存在一房二卖,将房屋抵押的情况;办理过户手续时不符合规定和约定等。

问题三,在房屋买卖合同中如何约定违约金?

律师分析及法律建议:在履约延迟的情况下,务必按日累积计算违约金而不是约定一次性定额违约金,要给开发商持续增加压力。另外,在可能的情况下,将开发商的各种违约情形列举出来并分别约定相应的违约责任,比如没有按期交房、没有按期办理房产证、没有使用约定的装修材料、规划设计变更未通知、质量缺陷或质量瑕疵等,分别约定切实可行的违约责任或赔偿损失的计算方法。

问题四,房屋买卖合同中如何拟定贷款不成的约定?

律师分析及法律建议：在签订购房合同后，购房者如果因个人信用记录不良等原因，导致银行不予放贷，则购房者的合同履约能力就可能会出现问题。如果在购房合同中没有事先妥善约定，则购房者要承担不能按约付款的违约责任。因此购房者应当争取约定，要求开发商在合同中注明：如果因申请银行贷款达不到预期金额或银行拒绝贷款而导致购房失败的，买卖双方均可解除本合同，购房者可免责并要求开发商退回所交款项等。

问题五，房屋买卖中房屋面积差异如何处理？

律师分析及法律建议：交房时，常见的问题就是套内面积缩水。所以，应在合同中约定套内建筑面积和公摊的共有面积多少，并约定建筑面积不变而套内建筑面积发生误差以及建筑面积与套内建筑面积均发生误差的处理方式。并约定超出此范围怎么办，退房或不退房；退房包括哪些费用，不退房如何承担违约责任等。一般误差超过3%，可要求退房，也可商量由哪一方补差价后合同继续履行。

问题六，房屋买卖中签约时要如何注意房屋质量问题？

律师分析及法律建议：购房者在签约时，应认真推敲

《商品住宅质量保证书》和《住宅使用说明书》两书的内容，并将质保书作为合同的附件。墙体、地面、顶棚平直度，顶棚、厨房、卫生间防水情况，表面裂缝等进行必要约定。

问题七，房屋买卖合同签约时如何明确物业管理事项？

律师分析及法律建议：合同中要确定前期物业管理公司、作为业主的基本权利，以及双方约定的物业管理范围和收费标准。

问题八，房屋买卖合同签约时如何明确公共配套设施的按期交付使用？

律师分析及法律建议：买房时，承诺小区有幼儿园、学校、超市、娱乐设施等各种公共配套，但这些有可能在交房时，并不能兑现。为了防止以上情况出现，购房者可要求房地产商在合同上写明，按照规划要求配建的、医疗保健、商业服务、社区服务、管理等公共建筑设施及房地产商宣传的地下车库和会所，与住房同时交付使用。还应在"如果在规定日期内未达到使用条件，双方同意按以下方式处理"的空行中，写明购房人是否可以选择退房。如不退房，是否可在使用条件达到前拒收房屋，房地产商如何支付违约金及在此期间的房屋保管责任由谁承担等,就此做出具体约定。

问题九,房屋买卖合同签约时如何明确基础设施的使用时间?

律师分析及法律建议:基础设施包括,与小区建设相配套的供水、供电、供热、燃气、通信(电话和宽带)、电视系统(公共电视天线、有线电视、卫星电视)、道路、绿化等设施,还有一些项目,购房人也应要求房地产商在合同中写明具体交付使用的日期。

问题十,遇到银行政策调整,房屋买家无法及时支付房屋尾款怎么办?

律师分析及法律建议:由于银行政策调整、买家个人征信原因导致的延迟放款,使买家无法按合同约定支付房屋尾款,这种情况是很常见的。出现这种情况的时候,买家也是要向卖家承担违约责任的。因此建议买家必须要对个人征信和银行政策有及时的了解。

问题十一,房屋买卖中卖家逾期交房怎么办?

律师分析及法律建议:除了一些特别的事由,比如买家未付清尾款等原因,卖家都必须遵照合同约定及时移交房屋给买家,若卖家逾期腾房,那么买家可以据合同约定向卖家主张违约责任,或者向卖家主张因为逾期交房增加的租房费用赔偿。

问题十二,房屋买卖中卖家逾期不履行过户手续怎么办?

律师分析及法律建议:在房价迅速蹿升的特别时期,一些卖家会不惜违约,通过拖延过户时间,不配合办理过户手续等方式意图破坏原来的买卖合同,达到毁约的目的。遇到这种情况,买家可以及时起诉对方,同时对房屋申请财产保全等。从预防的角度,在签订合同时,建议加大卖家的违约责任和违约成本的约定。

问题十三,房屋买卖中遇上黑中介或者责任心差的房屋中介怎么办?

律师分析及法律建议:中介机构和人员素质良莠不齐是这个行业的普遍现象,由于中介的原因导致的买卖双方无法顺利进行,甚至对簿公堂的事情屡见不鲜。当出现这种情况时,买卖双方除了不再依照居间合同交付中介费用之外,还可以向房屋中介公司主张赔偿责任,但是,在个别案件中,还需注意中介机构是否存在过错,以确定过错责任的承担。

问题十四,二手房房屋买卖中,房屋交付后发现房屋质量有问题怎么办?

律师分析及法律建议: 这个问题主要有三种情况,第一,如果签订房屋买卖合同时,卖家已经明确如实告知买家房子的质量情况,买家据此得到优惠价格,房子过户后,买家又以此对卖家主张赔偿责任的,那卖家可不承担责任;第二,如果是卖家故意隐瞒房屋的真实情况,那么买家可以向卖方主张违约责任或者赔偿责任;第三,卖家已经把房屋真实情况告知中介,但中介基于促成交易的考虑而没有如实告知买家的,那么买家可以向房屋中介公司主张赔偿责任。

问题十五,二手房房屋过户后,发现卖家户口没有迁移怎么办?

律师分析及法律建议: 房子往往和福利挂钩,如果出现卖家没有迁移户口或者不肯迁移户口的情况,除了要催促卖家及时迁移户口之外,最好的方法还是在签订合同前明确户口的迁移情况,并且把户口迁移违约责任写在合同里,实践中,有少数判决迁移户口的判例。

问题十六,房屋买卖中定金问题产生争议怎么办?

律师分析及法律建议:定金具有双重担保性。即同时担保合同双方当事人的债权。就是说,交付定金的一方不履行债务的,丧失定金;而收受定金的一方不履行债务的,则应双倍返还定金。房屋买卖中,定金纠纷应该属于最常见的问题了。按照定金合同的性质,定金又可以分为立约定金、违约定金等,所以定金的性质要看合同内容的具体约定。如果只是由中介机构出具"定金收条",而没有明确具体的内容,那么双方就很容易对这笔"定金"的性质产生争议。所以,具体明确的约定,是避免定金争议最好的方法。

问题十七,房价突然大涨,卖家宁可毁约不要定金怎么办?

律师分析及法律建议:在签订正式合同之前,买家一般都要先支付定金,定金的作用是为了确保双方签订正式合同。遇见这种情况,如果只是要求卖家双倍返还定金是无法弥补买家的损失的,这个时候买家可以向法院请求继续履行房屋过户,或者请求卖家赔偿房屋上涨的差额。

问题十八,买卖双方为了避税而订立"阴阳合同",后来卖家主张买卖合同无效怎么办?

律师分析及法律建议：为了避税而订立"阴阳合同"这是违反行政法规的，但是并不必然导致房屋买卖合同无效，卖家看到房价大涨，就据此认为合同无效的主张是不成立的。《合同法》第五十六条规定合同部分无效的，不影响其他部分的效力，其他部分仍然有效。一旦能够确定真实的合同交易价格，并且是双方的真实意愿，那么房屋买卖合同就是有效的。

问题十九，二手房买卖中，交了诚意金（意向金），如果不想买房了怎么办？

律师分析及法律建议：主要分两种情况，第一，买家向中介公司交付意向金时，中介公司没有要求买方签订《定金合同》，而仅仅是出示诚意金收据，那么这个时候的诚意金就相当于"订金"，只要最后没能订立买卖合同，诚意金都应当返还。第二，如果中介公司在《定金合同》中明确约定："一旦卖家同意买家的条件，并且收取诚意金后，诚意金就转变为定金。"如果有这样的约定，那么这时候的诚意金就相当于"定金"，买家没有正当的理由拒绝签订合同的时候，买家是不能要求返还的。

问题二十,二手房买卖中如何准确掌握房产信息?

律师分析及法律建议:在房屋购买前,除了查看房屋的基本信息,还要认真审查房屋的法律信息,一般而言基本的审查可以分三步:第一步,看房产证。看房产证是不是原件,所载产权人与出售人身份证是不是一致,是否存在抵押登记,房屋产权性质,是否为售房人单独所有。第二步,看户口本。看售房人的户口本,主要看婚姻状况,户籍所在地是否为房屋所在地,最好再问问卖方迁出户口后是否有落户地址。第三步,看房子。看房子里的实际居住情况,是卖房人自住还是出租中,如果出租中还需要看租赁合同。去物业、供暖等部门询问是否有欠费情况等。除了以上三步,如果需要进一步审查的话,可以要求售房人配合到房管部门、派出所户籍部门查询房屋情况、户籍情况等。

问题二十一,二手房买卖中如何妥善签订购房合同?

律师分析及法律建议:签订购房合同可以自行签订,也可以通过中介公司签订。通过中介公司签订的,中介公司一般会提供房屋买卖合同格式范本或者有时还会附有补充协议,补充协议记载双方除房屋买卖合同之外约定的事项。两份协议都具有法律效力，但补充协议不能与房屋买卖合同相冲突。这两份文件都要认真审查三个方面：一是交易流程。交易流程要简明扼要，没有歧义。尤其房屋情况复杂，涉及付款、贷款、过户、腾房等情况，要约定明确，安排合理。二是时间节点。视实际情况对交易过程中的时间进行合理规划，对时间节点要约定在合同上，避免推诿扯皮，分不清责任。比如每次的交款时间、办理上市、办理贷款、过户、腾房时间等。三是违约责任。没有违约责任就没有履行保障。要尽量约定每种履约行为的违约责任。比如逾期迁户的违约责任、逾期付款、逾期腾房的违约责任等。防止责任不清，发生纠纷无法维护自身合法权益。

问题二十二，房屋买卖中需要注意对哪些证据进行固定留存？

律师分析及法律建议：房屋买卖因涉及诸多环节，耗时少则数月、多则数年，在交易的各个环节，购房者都应当注意保留相关文件及证据，比如对房款的转账记录、短信记录等。在卖方不履行合同或者口头表示无法按照约定期限履行合同时，要保留沟通证据，必要时可以诉至法院。对双方

在实际履行过程中达成的新的约定，要及时作为补充协议附在买卖合同之后，将口头合意落到纸面上，以防在产生纠纷后无法查实。

问题二十三，房屋买卖中如何防范抵债房？

律师分析及法律建议：实践中，借房屋买卖幌子，隐瞒高利借贷之实，同时办理委托售房和房屋抵押公证，是变相的以房抵债，当借款人无力偿还借款后，房屋被低价转卖的情况时有发生。这一行为既纵容了高利贷非法活动，侵害了借款人的合法权益，又扰乱了抵押登记秩序，应当引起我们的警惕。此外，从买房人角度来看，在遇到明显低于市场价格的在售房屋时，一定不要急于交易，要审核出售人的所有权情况，弄清楚实际交易人和房屋产权人的关系，避免购买抵债房屋造成经济损失。

问题二十四，二手房买卖中如何应对共有房？

律师分析及法律建议：《婚姻法》规定，夫妻在婚姻关系存续期间所得的财产，归夫妻共同所有，夫妻对共同所有的财产，有平等的处理权。一方未经另一方同意，擅自处理共同财产的属于无权处分行为。

在夫妻共有房屋的买房过程中,在签订合同的同时,问一下售房人的家庭情况,看看卖方的户口本上所载的婚姻状况,如果已婚,必须要让其配偶签订知情同意书,这样才能有效避免房屋买卖纠纷的发生。如果卖方有意隐瞒婚姻状况的话,就尤其需要警惕。

问题二十五,二手房买卖中如何看清多户(户口)房?

律师分析及法律建议:依法成立的合同对当事人具有法律约束力。当事人应当对自己的行为产生预期,并承担相应法律后果。户籍问题是二手房交易中经常遇到的情况。户口迁移不是平等民事主体之间的民事法律行为,本质上属于公安机关行政行为,并不受司法调整。但是,户口迁移的义务可以作为约定内容写入合同条款,并明确相应违约责任。

双方约定的逾期迁户条款,系双方自愿达成协议,合法有效,法律予以保护。在交易实践中,涉及户口迁出问题可以通过约定违约后果来督促卖方积极履行户口迁出义务。

问题二十六,学区房的购买如何约定?

律师分析及法律建议:实践中,许多人为了孩子上学而购买学区房,但合同中却没有明确约定房屋带有学位,或者虽有约定学位但无相应违约责任而引发纠纷。因此,以购买"学区房"为主要目的买房人,一定要提前向所在学校及教育部门核实好相关入学政策及购买房屋入学指标的使用情况,其次要将购买学区房这一特殊目的写入合同,并约定如因卖房人违约致使买房人购买"学区房"的合同目的不能实现,买房人有权要求解除合同,并且要求赔偿房屋差价损失等。

问题二十七、如何防范"代理房"?

律师分析及法律建议:实践中,由于房屋产权人行动不便、身处国外、工作繁忙等原因,经常出现委托代理人代签房屋买卖合同的现象。但是行为人没有代理权、超越代理权或者代理权终止后以被代理人名义订立的合同,未经被代理人追认,对被代理人不发生效力,由行为人承担责任。遇到此种情形,购房人一定要提高警惕,要求代理人提供委托书(建议最好是公证委托),并在合同中明确约定因无权代理导致合同无效时,代理人所要承担的违约责任,同时尽量要求代理人出示房产证原件及业主身份证明等,防范代理人无权代理,或者业主因房价上涨而以不知情为由主张合同无效。

问题二十八、二手房屋买卖中如何处理"在租房"的交易？

律师分析及法律建议：需要提醒的是，"买卖不破租赁"，实践中不少二手房在出售时是处于出租状态的，为了避免以后交房发生纠纷，买房人在购房时还是要认真核查租赁合同期限、主体等信息，要求租户出具放弃优先购买权的声明书等材料。

问题二十九、房屋买卖中如何处理"拍卖房"的交易？

律师分析及法律建议：拍卖房往往涉及债务问题，房屋可能被多次抵押，购买这类房屋有可能面临债权人的追讨。此外，还要关注房屋的产权问题，有无实际居住人及户口有无迁出，还要查看房屋是否存在未缴清的水电费、物业费等情况，这些都需要竞买人负担。总之，拍卖房情况复杂，无论是竞拍还是间接购买，都需要在了解清楚后谨慎对待。

问题三十、房屋买卖中，如何防范"涨价房"？

律师分析及法律建议：实践中因房价上涨而违约的情况时有发生，表现为以各种原因要求解除合同或者违约加价，此时买房人可以拿起法律的武器保护自己的合法权益，通常有两个选择，一是要求继续履行合同，二是解除合同并赔偿损失。但无论何种诉求,首先要确定买卖双方已签订购房合同,其次要自身严格履约并及时固定卖方违约的证据。

问题三十一,二手房买卖中,购买抵押房需要注意哪些事项?

律师分析及法律建议:事实上,二手房交易中,大多数房屋都有未还清的银行贷款,也就必然存在抵押。在房屋买卖过程中,应当对所购房屋的抵押情况有清醒的认识,意识到抵押房屋交易过程中的特殊性。按《中华人民共和国物权法》的规定,抵押期间,抵押人未经抵押权人同意,不得转让抵押财产。如果购房人在房屋过户之前不解除之上的抵押,是无法完成过户手续的。购房者应当仔细查验所要购买房屋的产权登记情况。法律规定,在房屋上设立抵押的,抵押权自抵押登记时设立。所以,有效的抵押权必然在管理部门有登记。必要时,购房人可以要求卖房人通过房屋核验提供相关材料。另外,有房屋中介公司提供居间服务的情况下,也可要求中介公司提供相关服务。一般来说,房屋买卖合同签订及履行耗时较长,其间可能出现的问题较多,买卖双方应当小心防范因房屋存在抵押给交易造成的障碍;在合同约定时对于保证房屋权利无瑕疵的条款，建议加大卖方或中介第三方的违约责任。

问题三十二，二手房买卖中，如何避免买到抵债房？买卖抵债房的合同一律会被撤销吗？

律师分析及法律建议：出售抵债房，实际上是指民间借贷关系的贷款人（出借人）以委托售房形式变相处理借款人房屋的情况。购房人如果购买此类房屋时知道代理人实际没有代理权或滥用代理权，买卖合同可能被认定为无效。而且，如果借款人即房屋所有权人认为合同约定的房屋转让价格明显过低，显失公平的，可以依据合同法的规定行使撤销权。转让的价格是否明显过低的标准一般参照当时交易地的市场交易价来判断。如果合同约定的房价不到市场交易价的70%，一般可以视为价格明显过低。当然，实践中，也要考虑授权委托书内容、买卖合同订立和履行情况等因素予以认定。总之，如果购房人发现房价明显低于市场价格，不能只顾贪图便宜，一定要仔细审查代理权限。必要时，可以要求与房主当面确认。

案例篇

◆◆◆ **案例 1** ◆◆◆

合同一方当事人死亡是否构成不可抗力。

案例介绍：2005 年 2 月 5 日，A 公司与某甲签订商品房买卖合同一份，向某甲出售房屋一套。但因某甲个人原因，一直未能办理房屋交付手续。

2005 年 3 月，A 公司得知某甲 2005 年 2 月 8 日去国外旅游时已经死于车祸，A 公司向某甲的法定继承人催促办理相关手续未果。A 公司诉至法院，请求判令某甲继承人继续履行商品房买卖合同中约定办理交付手续和产权过户手续；向原告支付房屋面积找补款、物业费及违约金。

律师分析及法律建议：某甲之死并非本人或原告故意所为，因此不能预见，也无法避免；且其并非在国内死亡，原告无从知晓其死亡及继承人通信情况，因死亡带来的通信障碍无法克服。某甲的死亡是合同双方均无法预见、不能避免且不能克服的客观状况，属于不可抗力。

◆◆◆ **案例 2** ◆◆◆

房屋买卖合同中房屋实际交付情况约定不明，如何处理？

案例介绍：李先生购买了一套二手房，收房时发现屋的门窗不翼而飞。在与卖主联系后得知门窗是卖主拿走的，卖主称按约定他只将房屋交付给李先生，并没有约定连窗户移交。李先生将卖主告上法院，法院经审理认为卖主的做法违背诚实信用原则，属于对合同的恶意履行，判决其赔偿损失。

律师分析及法律建议：在二手房中介买卖合同中，对于房屋的格局、装修以及与房屋配套使用的附属设施等情况应约定清楚，以免在合同履行过程中发生纠纷。

◆◆◆ **案例 3** ◆◆◆

房屋买卖合同没有约定户口迁移如何处理？

案例介绍：太原的孙先生在太原某重点高中附近购买二手"学区房"一套，有意将孩子的户口迁入这套"学区房"。但是，孙先生未到房屋所在地的户籍管理部门核实房屋的户籍落户情况,在合同中也未约定卖主有义务办理户口迁移手续;孙先生付款收房后, 到户籍管理部门准备办理落户手续时却被告知按规定现在不得再办理落户手续,孙先生极其恼怒,遂要求卖主赔偿其损失,并将卖主告上了法院。法院判决卖主承担违约责任,但孙先生将孩子落户"学区房"的愿望一时仍难以实现。

律师分析及法律建议:买房时,尤其是"学区房",一定要先到房屋所在地的户籍管理部门核实房屋的户籍情况,并在合同中明确约定卖主有义务迁移户口以及卖主违反约定的违约责任等。

◆◆◆ **案例4** ◆◆◆

隐瞒"凶宅",是否构成违约。

案例介绍:王先生购买了一套二手房,谁知入住不久后即得知该幢房屋内曾经发生过命案。王先生遂与卖主交涉要求解除双方的买卖合同,遭卖主拒绝后王先生将卖主告上了法院,经法院调解,卖主支付给王先生五万元的精神安慰补偿款。

律师分析及法律建议:按照我国的民俗,所售房屋内发生命案一事将足以影响购房人是否购买该房屋,即使卖主在出售时刻意隐瞒事实并将房屋售出,买主一旦知道此事,仍会与卖主产生争议,同时卖主的行为也涉嫌欺诈,可能导致其与买主签订的合同无效。

◆◆◆ **案例 5** ◆◆◆

为避税费不过户,政策有变起冲突,法律责任由谁承担?

案例介绍:张三与李四签订了二手房买卖合同,双方约定两年后再办理过户手续。谁知不久后国家有关政策发生变化,若两年后过户,张三作为卖主将有损失,张三遂要求李四立即办理过户,不料李四因张三未答应其降价的要求而坚持两年后再过户,为此二人发生了冲突并闹到法院,最终双方达成了调解协议,办理了产权过户手续。

律师分析及法律建议:在二手房买卖中,对于有关税费的交纳,国家及地方有关政策法规通常已做规定,但买卖双方往往还会对此做特别约定以试图规避税费。一旦有关政策发生变化,这些约定不仅无法起到规避税费的作用,还会成为买卖双方争议的导火索。

◆◆◆ **案例6** ◆◆◆

中介公司"霸王条款"不合法,如何处理?

案例介绍:李女士与某中介公司签订了一份协议,约定由中介公司作为居间人将一套房屋介绍给李女士。协议还约定,若买卖合同未能签订,李女士应向中介公司支付违约金,此后由于种种原因买卖合同并没有签成,中介公司遂诉至法院要求李女士按约定支付违约金,但法院最终驳回了中介公司的诉讼请求。

律师分析及法律建议:根据《中华人民共和国合同法》规定,居间人未促成合同成立的,仅可要求委托人支付从事居间活动支出的必要费用。因此中介公司向李女士主张违约金的请求没有法律依据。

◆◆◆ **案例 7** ◆◆◆

买房误信黑中介,房财两空无人赔,怎么办?

案例介绍:周先生在自称房屋中介公司李总的介绍下与一卖主签订了二手房买卖合同,按约定周先生支付了首付款。谁知不久后李总即不知去向,而卖主同时也消失得无影无踪,周先生发觉他已上当受骗,无奈之下只得报警。

律师分析及法律建议:目前二手房中介市场良莠不齐,很多所谓的"中介公司"其实并没有相应的资质,而是仅仅挂着"信息咨询中心"的牌子以号称介绍低价房源吸引客户,但实际上其并没有什么房源,也无法履行与购房者签订的合同。与其签约的结果通常就是上当受骗,因此在选择二手房中介时要选择那些正规的中介公司。

◆◆◆ **案例 8** ◆◆◆

夫妻共有房屋的买卖转让,最好要求配偶本人签字。

案例介绍:曹先生购买了一套房屋,然而入住后不久,卖主妻子就要求解除卖主与曹先生签订的合同，理由是该房系其夫妻共同财产,她对卖房一无所知,因此卖主与曹先生签订的合同无效。后法院审理查明,卖主妻子理应明知卖主将房屋出售一事,最终法院驳回了卖主妻子的诉讼请求。

律师分析及法律建议:根据我国《婚姻法》规定,夫妻一方未经另一方同意,不得擅自处分夫妻共同财产。因此在购买二手房时,购房人应注意卖主是否已婚,该房屋是否属于夫妻共同财产。

◆◆◆ 案例9 ◆◆◆

买卖不破租赁,请尊重承租人的优先购买权。

案例介绍:赵先生有套房屋一直出租,最近打算将其出售。经介绍赵先生找到了一位买主,双方签订了合同,赵先生遂通知承租人租赁期满后不再续约,谁知承租人表示他也有意购买该房,而赵先生未通知承租人就和第三人签约属于无效行为,声称要向法院起诉。最终经律师斡旋,赵先生与承租人达成了调解协议,赵先生返还其三个月的租金,承租人放弃优先购买权。

律师分析及法律建议：根据我国《合同法》规定，出租人出卖租赁房屋的，应当在出卖之前的合理期限内通知承租人，因此若有意出售的房屋先前已经出租，则应在出售前通知承租人，承租人放弃同等条件下的优先购买权后，方可与第三人交易。

◆◆◆ **案例 10** ◆◆◆

房屋买卖合同对各自履行义务的先后顺序约定不明，容易发生争议。

案例介绍：陈女士与吴先生签订了一份二手房买卖合同，将自己的一套房屋卖给吴先生，双方约定陈女士办理银行解押手续时吴先生支付首付款。不料在签约后吴先生通知陈女士想解除合同，陈女士便没收了吴先生支付的定金。然不久后陈女士收到了吴先生的律师函，函中称吴先生已准备好首付款，但陈女士却没有去银行办理解押手续，因此是陈女士违约，要求陈女士返还定金，而后吴先生向法院起

诉,现法院一审判决驳回吴先生的诉讼请求。

律师分析及法律建议:在二手房买卖中常会涉及买卖双方各自所要履行的义务,诸如买方支付首付款,卖方办理银行解押手续,买方付清房款,卖方办理产权过户手续等,在合同中应明确各自义务履行的先后顺序,以便出现纠纷时确定责任。

◆◆◆ **案例11** ◆◆◆

房屋买卖别忘了到物业公司进行变更权利人登记。

案例介绍:钱先生购买了一套二手商品房,谁知入住后发现屋顶漏水,钱先生与物业联系要求维修,结果被告知在原房主未到场的情况下物业不愿进行维修,钱先生与原房主联系,原房主告知钱先生,房屋已交付,不愿意配合。钱先生只得聘请律师与物业公司进行交涉后方就维修问题达成一致。

律师分析及法律建议:若购买的二手房原系商品房,在合同中应约定卖主须将有关房产转移情况告知开发商及小区物业,以便房屋出现问题时联系维修。

◆◆◆◆ **案例 12** ◆◆◆

出卖人故意隐瞒所售房屋已经出卖给第三人的事实,导致合同被解除的,买受人请求出卖人赔偿损失,并返还定金的,应予支持。

案例介绍:张先生于 2005 年购买房屋一套,在房屋交付时发现房屋已经由第三人居住并主张房屋权利,卖主故意隐瞒所售房屋已经出卖给第三人的事实,导致合同被解除的法律责任。

律师分析及法律建议:本案是涉及商品房买卖合同中因出卖方故意隐瞒所售房屋已经出卖给第三人的事实,导致合同无效或者被撤销、解除的惩罚性赔偿条款适用的典型案件,也是对《合同法》第五十四条中关于一方以欺诈手段使对方在违背真实意思的情况下订立合同被撤销的适用。同时本案也对商品房买卖中惩罚性赔偿原则与定金罚则并存时应如何适用做出阐述。商品房买卖合同中,惩罚性赔偿原则并非以"双倍返还"为限,双方当事人愿意在合同中加入惩罚性赔偿的内容,并不违背法律法规的强制性规定,那么该条款可以视为双方给自己可能造成的损害而采取的额外保护措施,法院对此应予支持。

◆◆◆ 案例 13 ◆◆◆

开发商采取欺诈的方式交付房屋,侵犯了购房人的知情选择权,开发商应当依法承担逾期交房的违约责任。

案例介绍:孙女士于 2006 年 12 月购买某开发商房屋一套,商品房买卖合同明确约定 2007 年 5 月 1 日前交付房屋,然而,某开发商直至 2009 年 12 月底才向孙女士交付房屋,孙女士认为开发商逾期交房严重,属于欺诈,发生争议。

律师分析及法律建议:本案中,虽然涉案商品房最后通过了竣工验收,房屋质量也是合格的,并且开发商迟延取得竣工验收备案登记证并未实际影响购房人接收商品房后对房屋的占有、使用、收益和处分,即购房人实际上并没有损失。但是,作为开发商采取欺诈的方式交付房屋,侵犯了购房人的知情选择权。法院依法判决开发商承担逾期交房的违约责任,既可以维护买房人的合法权益,又可以给开发商以警示,有利于促进开发商增强法治意识,遵守市场经济规则,在全社会弘扬诚信原则,减少纷争的产生。本案法院判决开发商部分违约,承担 80% 的责任比较合理。

◆◆◆ **案例 14** ◆◆◆

商品房买卖合同中已明确约定违约金的给付标准,但因合同未能继续履行是因为出卖人原因造成,在买受人交纳全部购房款的情况下,未能如期取得房屋,给其造成一定经济损失,买受人主张提高违约金给付标准的,应予支持。

案例介绍:孙女士于 2006 年 12 月购买某开发商房屋一套,商品房买卖合同明确约定 2007 年 5 月 1 日前交付房屋,然而,某开发商直至 2009 年 12 月底才向孙女士交付房屋,孙女士认为开发商逾期交房严重,属于欺诈,在承担合同欺诈责任的同时,应严惩某开发商的违约责任,要求开发商提高违约金的比例。

　　律师分析及法律建议：在商品房买卖合同中，由于购房者与开发商所签订的购房合同系开发商事先拟定好的格式合同，在确定违约责任方面，购房者基本上处于弱势地位，无改变合同条款的权利，致使开发商尽可能减少自己的违约责任。在合同履行过程中，开发商因其自身原因致使合同未能如期履行时，造成购房者较大经济损失，而开发商会承担较小数额的违约责任，导致购房者在受损失和获得赔偿方面无法达到平衡。在此情况下，不能简单地机械适用双方签订合同中所约定的违约条款，而应综合考虑《中华人民共和国合同法》第一百一十四条第二款规定及《中华人民共和国民法通则》中有关公平原则的相关规定，才能更好地维护当事人的合法权益。

◆◆◆ 案例 15 ◆◆◆

　　房屋买卖合同约定买受人先付清所有合同价款，出卖人才履行交房义务，买受人未按约定履行义务的，出卖人未按合同约定的时间交付房屋不构成违约。买受人以不安抗

辩权进行抗辩，应当符合不安抗辩权的行使条件和履行规范，否则，不安抗辩权不能成立。

案例介绍：王先生出资购买李女士二手房屋一套，并签署《房屋买卖合同》，《房屋买卖合同》明确约定，王先生先付清房款，李女士才交付房屋，后王先生要求李女士先交付房屋才支付房款，李女士也拒绝向王先生交付房屋，二人发生争议。

律师分析及法律建议：抗辩权的行使是对抗违约行为的一种救济手段，在双务合同中，首先应根据双方签订的合同约定来确定双方的权利义务，本案中，李女士未按合同约定的时间向周某交付房屋是事实，但合同中明确约定王先生应付清全部房款等费用后，方可进行房屋交接，即王先生应该先履行付款的义务，李女士才履行交房的义务。

◆◆◆ 案例 16 ◆◆◆

出卖人不能以房屋工程价款优先受偿为由拒绝按合同约定向买受人交付房屋。

案例介绍：某开发商将符合交房条件的房屋抵顶拖欠施工队的房屋工程价款,拒绝向买房业主交付房屋,导致买房业主集体维权,要求开发商按合同约定履行交房义务。

律师分析及法律建议:房屋买卖合同的出卖人,在收取了买受人支付的大部分款项后, 不能以房屋的工程价款需优先受偿为由,拒绝按合同约定向房屋买受人交付房屋。

◆◆◆ **案例 17** ◆◆◆

买房人持有合同与房屋行政部门备案合同不一致时的认定。

案例介绍:郑女士有意购买繁华路段的房屋一套,2015年7月,郑女士选择一家开发商,开发商与郑女士签署《认购合同》;2016年1月, 开发商又与郑女士签署房屋行政部门统一备案登记的正式《商品房买卖合同》,后开发商延迟交房,郑女士要求开发商承担违约责任时,发现自己持有的《认购合同》与房屋行政部门备案的《商品房买卖合同》对违约金的约定不一致,发生争议。

律师分析及法律建议：商品房预售合同备案登记，不是物权的设立、变更、转让，不产生物权公示的效力。房地产公司为登记需要，在办理商品房预售合同备案登记时单方更改合同条款中关于违约金标准的内容，并不产生合同变更效力，故违约金标准仍需遵照最初双方当事人协商一致的合同。

◆◆◆ 案例 18 ◆◆◆

购房人以首付与银行按揭相结合方式付款，开发商以格式条款的方式约定，一旦贷款申请未获批准则购房人应于短期内付清购房余款。该约定违反了格式条款提供方公平拟约的义务，明显加重了购房人的责任，应认定无效。

案例介绍：在某城市上大学的学生小李，与某开发商签署《商品房买卖合同》，《商品房买卖合同》约定："小李支付20万元的首付款后，剩余60万元房款的付款方式为银行按揭，如小李无法按揭，小李需一次性支付某开发商全部剩余房款"，小李因没有工作，无还款能力，银行未批准小李的贷款，后开发商要求小李必须按照合同约定在短期内付清全部房款，小李则要求与某开发商解除合同并退还全部首付款。

律师分析及法律建议：在银行以小李为在校学生无还款能力为由未予发放按揭贷款的情况下，继续履行合同已无实际可能，故对小李要求解除合同的请求予以支持。合同解除后，尚未履行的终止履行，已经履行的，根据履行情况和合同性质，当事人可以要求恢复原状。因此，某开发商应退还小李全部首付款。

◆◆◆ 案例 19 ◆◆◆

没有房产证的单位内部开发房买卖合同效力的认定。

案例介绍：1999 年，某厂进行单位内部开发房屋的出售，按照政策，单位内部职工支付 2 万元即可购买 60 平方米房屋一套。某厂员工李女士因家境贫困，无力购买单位房屋，李女士便以 3 万元价格将购房指标出售单位以外的韩先生，并配合韩先生交付房屋，韩先生一直居住房屋至 2012 年，2012 年涉及房屋拆迁，能领取高额拆迁补偿，李女士反悔 1999 年的买卖协议,主张买卖无效。

律师分析及法律建议:单位内部开发的房屋,虽限定购买人为本单位职工,并尚未取得房产证,但只要不违反法律,行政法规的强制性规定,双方意思表示真实一致,不具有购买条件的人与该单位职工达成房屋买卖合同,应认定合法有效。

◆◆◆ 案例 20 ◆◆◆

面积差异的处理。

案例介绍:张先生 2015 年 3 月在某开发商处购买了一套商品房,面积 104.4 平方米,张先生按 104.4 平方米交了房款。2015 年 9 月交房后,张先生找专业人士进行测绘发现房屋面积只有 93.4 平方米,张先生便要求开发商对面积差异进行处理。

律师分析及法律建议:依据最高人民法院《关于审理商品房买卖合同纠纷案件司法解释》第 14 条规定的处理原则,面积误差比绝对值在 3% 以内(含 3%),按照合同约定的价格据实结算,买受人请求解除合同,不予支持;面积误差比绝对值超出3%,买受人请求解除合同、返还已付购房款及利息的,应予支持。买受人决定不退房的话,实际面积大于合同约定面积的,面积误差比在3%以内(含3%)部分的房价款由买受人按约定的价格补足,面积误差比超出 3%部分的房价款由出卖人承担,所有权归买受人;实际面积小于合同约定面积的,面积误差比在3%以内(含3%)部分的房价款及利息由出卖人返还买受人,面积误差比超过3%部分的房价款由出卖人双倍返还买受人。本案中,面积误差比已超过3%,并且实际面积小于合同约定面积,张先生可以主张解除购房合同,并要求开发商承担违约责任,张先生如果不想退房,可以要求开发商按照上述规定返还购房款。

◆◆◆ 案例 21 ◆◆◆

无权处分人与有权代理人的身份。

案例介绍:2016年9月,曹先生通过某中介购房,某中介向曹先生推荐王某的房屋,王某因在外地无法赶回,王某便以微信视频授权的方式安排朋友纪某与曹先生签订定金合同,交了 10000 元定金,后曹先生以纪某非产权人受欺诈为由主张撤销合同并返还定金。

律师分析及法律建议:纪某以自己的名义所实施的代理行为不违反《合同法》第 403 条"关于隐名代理"之规定,无论纪某对相对人曹先生披露被代理人的具体情况在实施该代理行为前后,均不影响其委托代理关系成立。何况,本案中王先生通过微信视频明确向纪某授权,应认定有效。曹先生要求撤销合同并返还所付定金缺乏法律和事实依据,不应支持。

◆◆◆ 案例 22 ◆◆◆

精神病患者的行为能力。

案例介绍:郭先生 2016 年 3 月因车祸突然去世,郭先生的妻子王女士因悲痛,患精神分裂症,因家人一直忙于丧事办理,一直没有确定王女士的法定监护人;郭先生的兄长郭大先生持王女士身份证件,以抵债为由,将王女士名下公房以 30 万元低价出售第三人李先生，此买卖行为是否有效？

律师分析及法律建议：郭大先生未取得王女士法定监护人书面授权，亦无充分证据证明其受王女士法定监护人口头授权，故应认定郭大先生无权代理王女士处分涉案房屋。即便李先生与王女士之间存在债权债务关系，郭大先生亦无权以王女士名义将房屋处分给李先生用以抵债，合同应无效。

◆◆◆ 案例 23 ◆◆◆

"定金"能否理解为合同。

案例介绍：2015 年 6 月，周某与郭某口头约定，周某以 50 万元购买郭某房屋，周某现场向郭某交付定金 10000 元，郭某向周某出具了定金收条一张。后因第三人出价更高，郭某反悔并将房屋另售第三人，周某起诉要求确认其与郭某的房屋买卖合同有效。

律师分析及法律建议：收条虽载明了房屋产权证号及

房屋总价款,但未对房屋面积、四至界址、房屋价款及房屋交付时间及办理房屋产权过户手续的时间等主要条款形成书面约定。故周某提供的证据不能证明其与郭某已订立房屋买卖协议。郭某收取的 10000 元不是合同履行定金,而是订约定金。郭某可选择订立房屋买卖协议或放弃定金,郭某也可选择订立房屋买卖协议或双倍返还定金。郭某在收受周某定金后拒绝与周某订立合同, 而与第三人订立买卖合同并收受全部购房款,构成缔约违约,应承担缔约过失责任。

◆◆◆ **案例 24** ◆◆◆

居间服务费的性质。

案例介绍: 2015 年 12 月,杨女士通过房产中介购买房屋一套, 先后签订房屋买卖合同及居间成交确认书,居间服务费 1.5 万元。后,杨女士反悔,并不向房产中介支付居间服务费,房产中介将杨女士起诉至法院,要求支付居间服务费。

律师分析及法律建议: 首先,要看居间是否完成?房产中介为买方提供了房源信息服务, 促成买方与卖方就涉案

房屋签订了购房合同,房产中介已履行了居间成交确认书中约定的义务,故有权收取相关居间费用。

◆◆◆ 案例 25 ◆◆◆

虚假广告的赔偿。

案例介绍:开发公司在售房广告和宣传资料中承诺"学区房"等内容,并在售楼处公开悬挂"学区房"宣传,很多业主购买、交房后,发现根本不是"学区房",工商局对此广告行为认定为虚假广告并给予罚款处罚。

律师分析及法律建议:工商局对开发公司的虚假广告行为均做出了认定并给予罚款处罚。据此,开发商的行为对业主购房的选择及房屋价格的确定有一定的影响,开发商应对给业主造成的损失承担补偿责任。

◆◆◆ 案例 26 ◆◆◆

没有《商品房预售许可证》能否卖房?

案例介绍:2014 年 12 月某开发公司未取得房地产行政

管理部门颁发的《商品房预售许可证》,便公开向社会不特定人群销售 A 地块房屋;2015 年 1 月, 房地产行政管理部门查封了该开发商的售楼部, 并向社会公告该开发商的 A 地块房屋属于手续不全、不能对外销售的房屋,业主看到公告后,有的业主要求解除合同并退还购房款;有的业主要求按照合同欺诈双倍赔偿;有的业主要求开发商积极办理《商品房预售许可证》等手续。

律师分析及法律建议:业主与开发商订立买卖合同时,需要在房地产行政管理部门的官方网站查询所购买的楼盘是否具有《商品房预售许可证》或者亲自到房地产行政管理部门了解所购买房屋的产权情况、手续情况,依据最高人民法院《关于审理商品房买卖合同纠纷案件适用法律若干问题的解释》规定,开发商没有《商品房预售许可证》对外销售房屋,开发商与业主签订的相关房屋买卖合同无效。

◆◆◆ **案例 27** ◆◆◆

农村"小产权房"向村民以外的人买卖交易的法律效力。

案例介绍：某城中村改造回迁安置房项目具备交房条件，村委会公开向本村村民以外的社会不特定人群销售房屋，并声称所出售房屋手续齐全、能办理房屋产权证书，村委会向社会买房人颁发自制的房屋所有权证书，很多业主购买后，发现产权证书不是房地产行政管理部门颁发的，将村委会起诉至法院，主张房屋买卖合同无效。

律师分析及法律建议：所谓"小产权房"，是指建设在农村集体土地上的商品性住宅。一般由开发商与村委会合作或由村委会自行开发建设。因其用地的性质，它不能获得国家建设部门颁发的房屋所有权证，当然也不能上市交易，其"房产证"往往是由乡镇政府自制颁发的，有的根本就没有任何机构颁发的房产证，只有当地政府的宅基地批文等文件可以证明拟出售房屋确系出卖人所有。相对于直接受法律保护的商品房所有权，这样的产权性质以及所受到的产权保护比较"小"，所以被称为"小产权房"。"小产权房屋"向本村村民以外的社会买卖人进行买卖交易，法院一般认定为无效。

◆◆◆ **案例 28** ◆◆◆

房屋价格上涨,卖房人能否违背诚信要求解除合同。

案例介绍:2012 年 7 月,曹某与赵某签订房屋买卖合同,曹某将其名下一套房屋卖给赵某,房款总价为 50 万元,赵某按约定向曹某全部支付房款,曹某也向赵某按约定交付房屋,但是,曹某一直未将房屋过户登记至赵某名下。2017 年,房屋价格上涨,曹某向赵某提出要求解除 2012 年 7 月签订的房屋买卖合同,赵某诉至法院要求曹某继续履行合同,办理房屋过户登记手续等。

律师分析及法律建议:房屋的买卖合同应当继续履行,不能违背诚实信用原则。曹某应继续履行合同,办理房屋过户登记手续至赵某名下。

◆◆◆ **案例 29** ◆◆◆

不建议选择"抵押房"进行买卖交易。

案例介绍:2011 年 7 月 8 日,韩某和李某签订了房屋买卖合同,约定韩某购买李某房屋一套,总价 96 万元。该房屋是 2010 年李某通过银行按揭方式购得,房屋抵押给某银行借款 64 万元。因为李某未还清借款,抵押权未消灭。韩某明知房屋抵押情况,合同中也做了相关约定,约定李某在签订合同后 30 日内办理提前还款手续。韩某向李某先行支付了 96 万元的全部购房款,但李某迟迟不办理解除抵押手续。在交易过程中,因李某另有其他纠纷,该房屋被法院查封,导致无法继续交易。

律师分析及法律建议:设立抵押权的房屋在交易之前一般应先解除抵押。本案中双方对解除抵押的约定没有问题,但是李某并未按照约定办理银行还款,导致合同没有办法继续履行,李某应当承担违约责任。

在二手房买卖合同履行过程中,经常会有交易房屋存在抵押的情况,如果要进行交易首先要解除抵押,此时购房者要明白,如果在解除抵押的过程中卖房人因各种原因不解抵押,都将直接影响下一步合同的履行。因此,在购买房屋中要谨慎购买抵押房屋。如要购买抵押房,一定要妥善签订合同,督促卖房人解押,防范意外情况发生。

◆◆◆ **案例 30** ◆◆◆

层高不够是否属于房屋质量瑕疵?

案例介绍: 2009 年 5 月,荣先生与某房地产开发公司签订商铺认购协议。荣先生认购一套上下二层的商铺,建筑面积为 200 平方米,总价款 160 万元。商铺交付后,荣先生发现该商铺的层高小于国家规定的最小净高 3.2 米的规定。经鉴定,该商铺一层净高 2.54 米,二层净高 2.59 米。

律师分析及法律建议: 荣先生认购的商铺层高不符合国家规定的标准,房屋质量存在瑕疵,客观上造成了商铺使用价值的降低,开发商应在商铺功能性贬值范围内承担责任。

Lawyer

张东辉

扫码关注张东辉律师

张东辉律师

中国政法大学本科毕业。

山西祐成律师事务所主任。

太原市杏花岭区法学会理事。

秉性纯良，热心公益，学理深厚，把握法律逻辑精准，善于在复杂的法律纠纷中找到症结，实战丰富，从不挑词架讼，是当今社会不可或缺的法律助手。

律师格言

祐民以法，

维信德成。

——张东辉

2 张东辉律师
直面婚姻家庭的法律问题

>>> 17 个案例 + 问题 + 答案

一、未婚同居相关法律问题

未婚同居是指男女双方未按法律规定，即以夫妻名义或不以夫妻名义公开或者隐密地共同生活。未婚同居不受《中华人民共和国婚姻法》保护，特别是如果有一方已婚仍与他人同居生活，从民事角度首先侵犯了已婚一方配偶的权利，严重的话还可能构成重婚罪。

案例：

李雷和韩梅梅从小青梅竹马。一直到上大学，两人都没有离开过一个城市。大学毕业后共同留在大城市奋斗。李雷认为在大城市生活，有个自己的窝才能算是立住脚跟，于是家里凑、自己省，存了一笔钱，用首付在近郊买了一套房，韩梅梅作为女朋友也当然地住了进来，还做了自己喜欢的装修风格。两人虽然没有结婚，但在外人看来，和夫妻没见什么区别。

大城市魅力是巨大的，人心变化也是巨大的。李雷因为房贷压力节衣缩食，而韩梅梅为了满足工作生活攀比需求，讲究吃穿，两人的生活理念越差越大。终于有一天，两人走到分手的境地，韩梅梅提出，咱俩虽然没结婚，但一直同居生活，这就是事实婚姻，这套房子也是事实婚姻期间买的，所以要求分一半的房子,韩梅梅的要求合理合法么?那么未婚同居期间形成的共同财产如何分配?未婚同居期间所生育子女由谁抚养?

律师分析及法律规定:

由于 1994 年 2 月 1 日,民政部颁布《婚姻登记管理条例》,明确规定结婚必须办理婚姻登记,事实婚姻不再被法律所认可,因此在该条例执行之后,凡是未领取结婚证的,不管你是不是举办过婚礼、是否以夫妻相称、是否生育子女,一律视为非法同居关系,这种关系是不受法律保护的。2004 年 4 月 1 日起施行的《最高人民法院关于适用〈中华人民共和国婚姻法〉若干问题的解释(二)》第一条规定:"当事人起诉请求解除同居关系的,人民法院不予受理(有配偶与他人同居的情况除外)"。1994 年至今 20 多年过去了,基本上 40 岁以下的年轻人已经不存在事实婚姻关系了。另一方面随着人们的婚恋观念越来越开放,未婚同居、未婚先孕已不是什么新鲜事物,恋爱与同居的界限也越来越不清晰,一恋爱就同居的现象比比皆是了。

法院虽然不再受理解除非法同居案件,但还是可以解决在非法同居期间形成的共同财产和非婚生子女的抚养问题的。就是说：两人恋爱了同居了，甚至孩子都有了，哪天不想过了，各自散开就好了，不需要办理任何手续。但因为在同居期间形成共同财产了，有孩子了，那么仍可以要求分割财产和要求孩子的抚养权。但同居关系期间形成的共同财产，双方并不是像夫妻一样共同共有，而是按份共有。即法院要审查同居期间谁对财产的取得贡献大，像上述案例，房产是李雷掏钱付的首付，并且之后的按揭贷款是李雷从个人工资卡中支付的，所以该房产李雷贡献大，因此如果分割的话，李雷占有的份额要大得多，韩梅梅如果能证明也承担了一定的房款或装修费，也可以按贡献度取得一定的份额。由此可见，没领结婚证对于财产的归属和份额是有重大区别的，所以结婚一定要领证，这样权利才能受到有效的保护。

对于第二个问题，非法同居期间所生育的子女，法律上称为非婚生子女，出于保护未成年人的需要，非婚生子女的法律地位与婚生子女的法律地位是一样的，均享有接受父母抚养教育的权利，在父母解除同居关系时，孩子有权要求由一方抚养，另一方支付相应的抚养费用，父母均没有权利以孩子系非婚生为由,拒绝、遗弃自己的子女。

律师提示:

婚姻不是儿戏,前往民政部门领取光荣的结婚证书,不仅仅是男女双方忠于彼此的神圣宣誓,更是启动法律保护的前提要件。

二、领不领结婚证,有哪些重大法律权利的差别?

案例:

小明和小梅崇尚自由,感觉办理结婚登记是对爱情的不信任,是对真爱的枷锁,所以两人办了婚礼,但没有领证,孩子三岁的时候,小明在出差途中发生交通事故去世了,肇事方和单位都给予了赔偿,赔偿金将近 200 万元,还有小明为结婚买的房子,"婚后"买的股票、保险等,总额大概在 500 万元,小梅提出要求分割财产的时候,遭到了小明父母的反对,小明父母说,小梅没有继承权,一分钱都分不到。这种说法对吗?

律师分析及法律规定:

追求自由自在是人的天性,孟德斯鸠曾说过:"自由是在法律的范围内任意行使的权利"。从婚姻角度来看,不领结婚证,可以来一场说走就走的婚姻,但任何不负责任的分手,对于追求婚姻幸福的一方来说,特别是对于保护妇女、儿童的权利,是非常不利的。婚姻制度就是为了保证双方可以放心地生活在一起,而不用担心自己付出青春、精力后,丧失应有的权利。那么领不领结婚证,到底有哪些权利上的区别,做以下总结:

1.防止"一言不合就离婚"的冲动型离婚。

结婚需要办手续,离婚同样需要办手续,协议离婚需要在当初领证的婚姻登记部门办理,需要双方协商一致签订离婚协议书,离婚协议书要对婚姻、财产、子女、债权债务等事宜进行处置,双方签字按印并在婚姻登记部门备案后才能生效。在办理离婚登记时,民政工作人员还会察言观色,给双方最后一次考虑的机会。对于协商不一致的,需要到法院诉讼离婚,那程序就更为复杂了。年轻人受教育多,个性强,难免会因各种问题争吵,但不是什么问题都导致离婚这么严重的后果。离婚程序的设立,可以有效防止冲动型的离婚,即使真的无法挽救,法律是在处理完各类家庭问题后才办理离婚手续,解决问题在前。而非法同居，一走了之，所有的矛盾问题并未化解，只能事后追究，容易引发更多的社会矛盾。

2.夫妻之间有互相继承的权利，非法同居没有。

配偶是第一顺序继承人，与父母、子女为同一顺序，享受同等的权利。而非法同居没有这项权利。这就是案例当中所说的情况，小明和小梅没有领取结婚证，那么根据法律规定，即便双方有了孩子，但仍属于非法同居关系，小梅不仅没有夫妻共同财产的所有权，也没有小明财产的继承权，更没有小明事故赔偿金的分配权，经济损失是巨大的。

3.结婚登记之后，夫妻关系存续期间取得的财产，一般情况下均为夫妻共同财产（结婚之后哪些财产不属于夫妻共同财产，在以后专门的章节再聊），非法同居期间形成的财产是否有自己的份额还需要大量举证。

4.非婚生子女生育难、上户难、上学难。凡是有这种情况的，哪个不是求爷爷告奶奶，费尽辛苦才为孩子取得公民资格的。

法律条文：

《婚姻法》第十条关于法定继承顺序的规定：

第一顺序：配偶、子女、父母。

第二顺序：兄弟姐妹、祖父母、外祖父母。

三、恋爱期间花销，分手可以要回吗？

现在很多女性认为：在恋爱期间，男友礼物送得多，证明爱得多。于是为了赢得女神的心，男生就得想尽各种心思让女友开心，逛街、吃饭、旅游、购物，甚至是价格较高的奢侈品，一样也不能少。但走到分手时，感情债就变成了经济账，要求女方退还恋爱的花销，这种要求合理吗？

案例：

小梁与小祝恋爱谈了三年，但女方小祝以父母不同意为由，一直没有答应小梁的求婚。小梁很是苦恼，朋友提示，去风景优美的地方旅行，可能更容易打动女朋友，于是小梁精心安排了一次海南之旅。在旅游过程中，被导游带到了一个海景房售楼中心，这面朝大海、春暖花开的景致，一下子打动了小祝的心，碎碎念地说，能住到这样的地方，人生无悔。小梁一看有戏，狠狠心，当场决定买一套价值30万的小户型海景房，畅想着将来作为小两口旅居之地，同时掏出准备好的戒指向小祝再次求婚,小祝被感动,当场同意了小梁的求婚,这个感人场面被售楼小姐拍下,还成为开发商售楼的一个卖点。但旅游回来之后,小祝的父母仍以小梁工资低为由,不同意两人结婚。这样僵持了一年多时间,小祝是个孝顺孩子,最终还是听从父母的决定,解除了恋爱关系。但一年多来,海景房的价值翻了将近一倍,小祝同意房子归还男方名下,但提出来当时是女方想买的,那么现在增值了,增值的部分应该一人一半,这样才公平。但小梁坚决不同意,认为小祝悔婚,欺骗了自己的多年感情,所赠予的房子必须全部归还,所有的增值部分也没有小祝的份儿,双方谁说得有理呢?

律师分析及法律规定:

感情一旦掺杂了金钱和物质,那就不纯粹了。但现实和理想总是有区别的,没有物质基础的爱情,难免沦落成"单身狗"。个人感情上,我是绝对不赞成"拿了我的给我送回来,吃了我的给我吐出来"的做法,大老爷们当初舍得给就别惦记往回要(当然物质女以索要财物为目的的假恋爱除外),但作为律师,应该更理智地从法理上进行分析。

恋爱期间的花销大概能分成三类：

第一种，恋爱消费，包括两人吃饭、看电影、出去玩等已经花出去的费用，这种费用即使金额再大，因为已经消费，且是在双方自愿的基础上共同消费，也不存在返还的理由。

第二种，恋爱期间赠送的礼物，这里的礼物是指主要以感情交流为基础互相赠予的礼物，比如过情人节互送礼物，哪怕贵一点，如送个苹果手机，甚至是项链戒指一类的，我认为均属于赠予性质，不应当返还（我是指几千元的财物，如果特别大额的财产，如房产、车辆另当别论，这样的赠予还应当与赠予方的经济实力对比考量）。

当然对于相对贵重些的礼物，可能其他人有不同的看法，特别是金银，不属于一般的消费品，可以长久保存且价值较高的，有些人认为应该返还。那么因此引起诉讼，不同的法官可能也会有完全相反的看法，产生认识的分歧，这与法律对此没有更为细致的规定有关，法官可以根据双方相处的情况、具体的原因做出自由裁量。

第三种，双方已经谈婚论嫁后，以结婚为目的采买、赠予的大额物品，比如双方定亲给予的定情信物，钻戒，甚至祖传物品,一旦双方没有结为连理,也就是赠予的目的未能实现,那赠予的行为可以撤销,因此这些财物是应当予以返还的。

律师提示:

当一方想行使撤销赠予的法律行为,应当在一年之内行使,该时间属于除斥期间,就是说这个时间不能延长、不能中断,过期作废,所以分手了,赠予的撤销权要及时行使。

四、我的高额彩礼费,能退还吗?

案例:

我和对象相处了三年,2016 年 10 月份,两家订婚,订婚时我家这边给了对方彩礼 108000 元, 改口费父母又给了 10000 元,另外还给了金戒指、玉手镯等挺贵重的物品。选的结婚日子是 2017 年五一前, 但过年时我们高中同学聚会,我的初恋从外国回来参加,我发现我还是忘不了她,她也很喜欢我,我们决定克服一切困难在一起。于是我向女友提出了分手,女友倒是没说啥,但女方父母却说结婚的事都已经通知出去了,现在说不结婚,这造成的面子、损失根本无法弥补。而我认为,对方其实没有为结婚做什么贡献,结婚的房子是我家出的,装修也是我家花的钱,给对方的钱除了买了电视、冰箱、被褥作为陪嫁之外,并没有花其他的钱,更谈不上什么损失,结婚是两个人的事,一方不同意结婚,只是为了面子维系下去也没意义,不是么?对方总说损失太大,实际上就是不想退回彩礼钱,我就想问问律师,彩礼能退回来吗?对了,我们没有领结婚证,也没有办婚礼,只是按民俗订了婚。

律师分析及法律规定:

彩礼是民俗,本不属于法律调整范围,但现实中因为彩礼发生的纠纷确实较多,因此《最高人民法院关于适用〈中华人民共和国婚姻法〉若干问题的解释(二)》第十条对彩礼是否应当退还做出规定,离婚时三种情况应该返还:一、双方未办理结婚登记手续的;二、双方办理结婚登记手续但确未共同生活的;三、婚前给付并导致给付人生活困难的。

这个规定出自 2003 年,可能当初社会风气还是比较单纯的。这样的规定只解决了最简单的情况,恋爱双方只是纯纯地恋了恋,最多就是拉拉手,月下谈谈人生和理想,这种没领证、没同居的情况,彩礼当然应该无条件退还了。但随着婚恋观念的变化,因彩礼发生纠纷的案件,大体上有两种情况就彩礼的退还纠纷较大:第一种未领证,但男女双方早已同居较长时间,甚至有未婚流产的情况出现;第二种双方闪婚,也共同生活了一段时间,比如几个月、半年后,一方提出离婚。第一种情况,按司法解释的规定,应该退还,但女方极度不满;第二种情况,不予退还,男方感觉受骗上当。因此对于相对复杂的情况,法律还是规定得不够明确,希望最高院根据社会发展的实际情况,适时做出调整。

那么在法律规定没有调整之前,案例所提问题该如何解决?我想可以采取这样的方式:方式一,将给予女方的彩礼视为夫妻共同财产要求分割,这样可以要回一半;方式二,仍可以坚持要求返还彩礼,法官会根据实际情况,如婚期的长短、离婚的过错方等因素,给予一定的酌情处理。

律师提示:

对于没领结婚证,但双方又共同生活较长时间的,女方确实为共同生活实际付出较多,提出少退还彩礼的,法官也会酌情考虑,但张律师提示:女方不能以"青春损失费"为由提出索赔,这样的理由法官是不会支持的。

五、什么样的近亲属不能结婚?

案例:

大李和小李是亲戚关系,这亲戚论起来也不算远,大李的奶奶和小李的奶奶是亲姐妹,因为有这层亲戚关系,两人谈恋爱一直是瞒着双方家人的,也十分痛苦。"不知道我们可以不可以结婚,如果在一起了,我们的后代会有影响么?"

律师分析及法律规定:

根据现代医学研究结果表明,近亲结婚容易造成后代隐性遗传类疾病高发,因此《婚姻法》第十条专门规定了四种婚姻无效的情形,其中第二款规定:"有禁止结婚的亲属关系的",即近亲禁止结婚。何为近亲结婚呢?《婚姻法》第七条规定:"直系血亲和三代以内的旁系血亲"禁止结婚。

直系血亲好理解,就是包括父母子女间,祖父母、外祖父母与孙子女、外孙子女以及更上的长辈,老百姓说,一条线生下来的,这都是直系血亲,直系血亲通婚的情况一般是极少发生的。

旁系血亲通婚的情况就比较常见了,中国古代表兄妹结婚算亲上加亲,在希腊神话故事中,近亲通婚、乱伦的情况就太多了,甚至宙斯七个妻子全部都是近亲……有兴趣的听众可以去看看希腊神话故事。当然按现代医学知识，这都是不正常的现象。

三代以内旁系血亲表述起来比较复杂，首先介绍个法律小常识，法律上说"以内""以上"等名词时，是包括本数的，不包括时要有专门的注明，比如《刑法》说有期徒刑三年以下，那是包括三年的，所以三代以内也是包括第三代。

那如何计算是否在三代以内呢，法律上有两种方法，这两种方法首先都要追溯血亲关系的源头——"溯源"，找到两人共同的祖先，大家可以画个图更容易理解。像案例反映的情况，两人的奶奶是亲姐妹，那溯源到头，他们的各自的奶奶的父母就是最初的源头，图画如下：

第一层级　　　曾祖父母辈

第二层级　　　奶奶辈　　　　女朋友奶奶辈

第三层级　　　父母辈　　　　女朋友父母辈

第四层级　　　自己　　　　　女朋友

第一种方法：数辈分，从源头数起，数到自己或女朋友所在的最低的层级，看是否在三代以内，像大李这种情况来看，到自己这辈已经是第四代了，所以不属于禁止结婚的情况。

另外再复杂点的情况如：找的女朋友和自己不是一个辈分，比如：

第一层级　　　曾祖父母辈

第二层级　　　奶奶辈　　　　　女朋友父母辈

第三层级　　　父母辈　　　　　女朋友

第四层级　　　自己

甚至：

第一层级　　　曾祖父母辈

第二层级　　　奶奶辈　　　　　女朋友

第三层级　　　父母辈

第四层级　　　自己

这两种情况道理都是一样的，从共同的源头数到最低一辈，看是否在三代之内(含三代)，所以像这样曾祖父母辈共同的情况，女朋友只要不是自己的曾祖父母一支的后代(因为曾祖父母属于直系血亲了)，那么应该都属于超过三代的旁系血亲，可以通婚。

另外一种方式是数亲等，亲等也是个法律上的概念，是表示血缘关系远近的一种数学计算方式，具体的方法为：从自己开始向上辈数,数到共同的祖先后再数下来,数到女朋友这辈,自己和女朋友都要计算在内,如果数下来的亲等≥5级,就不属于三代以内的旁系血亲,可以结婚了。

如案例这种情况,我们来数一下,记得自己也算一级哦:

第一层级	曾祖父母辈 4	
第二层级	奶奶辈 3	女朋友奶奶辈 5
第三层级	父母辈 2	女朋友父母辈 6
第四层级	自己 1	女朋友 7

听众和自己的女朋友为 7 亲等,超过 5 级,当然可以结婚。

再比如:

第一层级	曾祖父母辈 4	
第二层级	奶奶辈 3	女朋友 5
第三层级	父母辈 2	
第四层级	自己 1	

即使这种比较特殊的情况,我们看双方的亲等关系也达到 5 级,可以结婚。

律师提示:

近亲婚配。他们双方有太多相似的遗传因子,后代无法从他

们那里产生变异,有害基因将传递给子孙,所以切不可因为一时的侥幸大意,给自己的生活造成终生的遗憾甚至是痛苦!

六、哪些是不能结婚的疾病?

案例:

2016 年初,小蔡(男)与小李(女)经人介绍认识后登记结婚,在登记结婚前小蔡已经知道小陈患有精神疾病,但是在婚后小蔡发现小陈的精神疾病较为严重,影响到夫妻共同生活,遂以小陈婚前患有精神疾病,婚后没有治愈为由,于 2018 年 2 月诉至法院请求判决解除婚姻关系。

律师分析及法律规定:

我们先说法律对于结婚的规定,特别是对于禁止结婚和婚姻无效的规定。

关于结婚,一般人都知道结婚是有年龄限制的,男 22 周岁、女 20 周岁,低于这个年龄结婚,婚姻是无效的,婚姻登记机关也不会给予登记。那对于采取欺骗手段,在未达到法定婚龄而骗取到结婚登记的,双方感情不和想解决婚姻关系的,是以婚姻无效处理还是离婚解决呢?法律上是这么说的:由于年龄是随着时间增长的,当二人要求解除婚姻关系时,均已经达到法定婚龄的,也就是说无效婚姻的情形已经消失,双方仍应当按照离婚的方式解决,而不是宣告婚姻无效。

《婚姻法》还有个晚婚晚育给予鼓励的规定,但随着二孩生育政策的落地实施,晚婚晚育的说法已经在其他相关法律中删除,就拿咱们山西省来说,2016 年《山西省人口与计划生育条例》已经取消了晚婚晚育奖励的相关规定,但修改过后的条例,并没有实质取消奖励的内容,比如婚假,不管是不是晚婚,仍给予 30 天的婚假,这与之前规定晚婚奖励的政策是一致的。

除了年龄限制之外,还有三种婚姻无效的情况:一、重婚的;二、有禁止结婚的亲属关系的,即近亲结婚的情况;三、婚前患有医学上认为不应该结婚的疾病,婚后尚未治愈的。

上个案例已经给大家介绍了近亲结婚的法律概念,下面给大家介绍一下哪些是不能结婚的疾病,我国原来是有强制婚检的法律规定的,也就是双方在办理结婚登记时,必须进行婚检,以确定双方是否有不符合结婚的疾病,后来2003 年国务院出台的《婚姻登记条例》把强制婚检的制度取消了,这又是为什么？我们看到很多新闻报道,因为取消强制婚检导致新生儿缺陷率上升等不良后果,作为我们普通百姓,又如何应对呢？

《婚姻法》没有对不能结婚的疾病种类进行明确的规定,而是在《母婴保健法》第八条对此进行了原则性的规定。《母婴保健法》对婚前保健服务规定了三项内容,一是婚前卫生指导,主要是宣传性卫生知识、生育知识和遗传病知识。二是婚前卫生咨询;三是婚前医学检查。

婚前医学检查,主要对三类疾病进行筛查:

一、严重遗传性疾病,主要是染色体和基因类病变引发的疾病,遗传性疾病大约有 3000 多种,这类疾病包括白化病、无脑儿、唇裂、先天性智力发育不全等,遗传类疾病对于生育有重要影响,因为关系到下一代的健康,不得不防。

二、指定传染病,这类疾病规定什么了呢？这又说到另一部法律——《传染病防治法》,这是一部平时大家都不注意,但却是非常重要的法律。科学家对人类毁灭、世界末日的各种猜想中,未知的传染病大流行可能性是最大的。2003年的"非典"我想每个人都记忆犹新,是不是还有朋友 2003

年储备的食盐到现在还没有吃完的？我们在"非典"时期采取的紧急措施，包括停工、停课、扑杀家禽、强制隔离患者都来自该部法律。

《传染病防治法》将传染病分为甲、乙、丙三类共 39 种。

甲类传染病（2 种）是指：鼠疫、霍乱。

乙类传染病（26 种）是指：传染性非典型肺炎（严重急性呼吸综合征）、艾滋病、病毒性肝炎、脊髓灰质炎、人感染高致病性禽流感、甲型 H1N1 流感、麻疹、流行性出血热、狂犬病、流行性乙型脑炎、登革热、炭疽、细菌性和阿米巴性痢疾、肺结核、伤寒和副伤寒、流行性脑脊髓膜炎、百日咳、白喉、新生儿破伤风、猩红热、布鲁氏菌病、淋病、梅毒、钩端螺旋体病、血吸虫病、疟疾。

丙类传染病（11 种）是指：流行性感冒、流行性腮腺炎、风疹、急性出血性结膜炎、麻风病、流行性和地方性斑疹伤寒、黑热病、棘球蚴病、丝虫病，除霍乱、细菌性和阿米巴性痢疾、伤寒和副伤寒以外的感染性腹泻病、手足口病。

由于《婚姻法》及相关法规也没有明确说哪些传染病是不能结婚的，那我们常规理解为：甲类鼠疫、霍乱肯定是不

行的,乙类中:艾滋病、淋病、梅毒、麻风病、狂犬病、炭疽肯定是不行的。

三、有关精神病,精神病患者重轻区分还是比较大的,比如抑郁症也属于精神类疾病,但不应该被视为不可以结婚的情况,对于哪些精神病不能结婚,应该是指精神病发病情况严重到导致患者被鉴定为无民事行为能力人或限制民事行为能力人的程度。这两种情况由于患者无法正确判决自己的行为后果,需要监护人照顾,不可能对结婚行为做出准确认知,因此是不能结婚的,当然精神病人在不发病期间,还是可以结婚的。

不知道大家听完上述的说明,对患有不能结婚的疾病有哪些是不是清楚了,但我感觉从具体的病种的角度来看,法律说明得还是不够细致的或者说规定得还是有些原则化,当然因为科学在不断进步,现行法律规定不可能包罗万象,穷尽所有,只能跟着不断地完善。

律师提示:

国家取消强制婚检是尊重老百姓私权和自由选择权,是社会民主进步的表现。但事物均有两面性,取消强制婚检后,把对婚姻负责、对对方负责、对孩子负责的责任交给了婚姻的当事人。我们取得了自由权,但我们还要善于使用,自由选择不代表抛弃选择,特别是如今环境污染越来越严重,各类大病重病、基因类疾病越来越高发和年轻化,而我们又无法明确判断哪些疾病会对婚姻、子女造成影响,那我们还是把专业的事交给专业的人去做,自觉把婚前检查当成婚姻登记的必要前提条件,做好婚检,放心结婚。

七、重婚构成犯罪吗?

案例:

2012 年,已经有了家庭并有两个孩子的小常通过工作的原因认识了小娜,两个人工作交流中互生情愫,不久便同居了,时间久了,小娜家人在不知道小常已婚的情况下,要求小娜和小常结婚,在家长的逼迫下,两人在女方的老家举办了隆重的婚礼。

律师分析及法律规定:

婚姻无效情形还包括最令人痛恨的重婚,有朋友会问:"结婚后又与他人再次领证结婚,是肯定构成重婚的,这种婚姻无效。但根据之前的案例介绍，现行法律规定没有领取结婚证的，不构成事实婚姻，只算是非法同居关系，那对于已婚者又与别人非法同居生活的，构成重婚吗？"

这个问题有一个逻辑错误。首先，我们现在讨论的是民事法律范围内重婚的概念，解决的是重婚行为按无效婚姻处理的问题，但《婚姻登记条例》已经规定没有办理结婚登记的属于非法同居关系，并不被视为婚姻关系，其本身就不受法律保护，对于有配偶而与他人同居的情况，法院依法进行受理并做出解决非法同居关系的判决（与案例一介绍的单纯的同居关系，法律处理的原则是不同的），因此也就谈不上适用重婚的法律概念来解决婚姻问题了。因此，从民事法律关系的角度上来说，对于有婚姻又与他人同居的，另一方可以起诉离婚，并要求过错方赔偿损失。

其次，而从刑事角度追究重婚罪的刑责，是从另外一个范畴的角度解决问题。法律追究重婚罪的刑事责任的法律理由：配偶一方享有的一夫一妻的法定权利，同时是维护社会主义婚姻家庭制度和体系，前者保护的是私权，后者保护的是社会制度。因此，刑诉法规定重婚案件既可以是自诉案件,由受害配偶到法院起诉追究重婚者的刑事责任。同时在受害人不愿意告诉，但重婚者的行为又造成社会恶劣影响时,可以采取公诉的方式,追究重婚者的责任。

那么从追究刑事责任的角度上来看，有配偶又与他人以夫妻关系非法同居,仍会被认定为事实婚姻而追究刑事责任。

最高院曾于 1994 年 12 月 14 日发布《最高人民法院关于〈婚姻登记管理条例〉施行后发生的以夫妻名义非法同居的重婚案件是否以重婚罪定罪处罚》,其内容为："四川省高级人民法院：

你院川高法〔1994〕135 号《〈婚姻登记管理条例〉施行前后发生的事实上的重婚关系是否按重婚罪处理的请示》收悉。经研究,答复如下：

新的《婚姻登记管理条例》(1994 年 1 月 12 日国务院批准,1994 年 2 月 1 日民政部发布)发布施行后,有配偶的人与他人以夫妻名义同居生活的，或者明知他人有配偶而与之以夫妻名义同居生活的,仍应按重婚罪定罪处罚。"

该批复虽然在 2013 年,因新的婚姻登记条例已经出台被废止,但批复的精神仍被刑法所采用。由此可见,刑事案件追究重婚罪的范围要比民事法律关系的重婚罪的范围要广。大家需要注意的是,根据批复的内容,认定重婚的一个重要指标是:双方以夫妻名义共同生活,有些不仅以夫妻名义,而是以兄妹、保姆、秘书、朋友等名义生活的,不能按重婚罪论处。

律师提示:

婚姻是爱的结晶, 如果真的因为感情原因无法和原配继续生活,要理清上一段关系,办理完离婚手续后,保障了彼此的权益,才能幸福地进入下一段婚姻,对下一段婚姻的爱人也是一个负责任的行为。

八、婚姻无效和办理离婚有什么不同吗?

案例:

小张和小晓在国外邂逅,两人迅速坠入了爱河。在经过家人许可后,两人决定在国外举办一个浪漫的西方婚礼。在经过紧锣密鼓的布置后, 两人在国外的教堂结婚后于当天拿到了牧师签字盖章的结婚证。由于两个人结婚属于闪婚型,对彼此并不是非常了解,婚后的日子矛盾越来越多,于是两个人协商以后拿着国外的结婚证来到了民政局准备办理离婚手续。结果民政局工作人员告知当初办理的结婚证国内并不认可,他们的婚姻属于无效婚姻。

律师分析及法律规定:

上述案例中婚姻无效的案件与离婚案件从处理方式和结果上有什么不同吗？离婚案件,婚姻是有效的,夫妻关系存续期间,有关夫妻的权利义务都是有的;而无效婚姻是自始无效的,也就是说一旦被认定为无效,那么这个婚姻从领证开始就不被法律所认可,那相应的夫妻之间的权利义务也就不存在了。无效婚姻被解除后,双方的关系与非法同居关系一样,涉及的同居期间的财产和子女抚养问题,按之前讲过的非法同居的方式处理。

无效婚姻如何解除,《婚姻法》规定可以向婚姻登记机关提出,也可以向法院提起诉讼,渠道和离婚的一样。但从效果上来说,法院对于审理无效婚姻的程序是比较完善的,法院作为审判机构对事实的认定和证据的把握要成熟得多,所以采取诉讼的方式较多。

律师提示:

除婚姻无效的情况外,《婚姻法》还规定了两种婚姻可撤销的情况,一种为胁迫结婚的,另外一种为被非法限制人身自由的。但行使撤销权，法律规定的期限为一年，分别为：受胁迫的一方撤销婚姻的请求，应当自结婚登记之日起一年内提出；被非法限制人身自由的当事人请求撤销婚姻的，应当自恢复人身自由之日起一年内提出。

婚姻被撤销的与婚姻无效程序及结果一样，均可向婚姻登记机关或法院提出，婚姻被撤销后，自始无效。

九、想说爱你不容易——在中国同性可以结婚吗？为什么？

案例：

2015 年的新闻报道，中新社华盛顿 6 月 26 日电：美国最高法院 26 日做出一项历史性裁决。美最高法的 9 名大法官以 5 比 4 的结果裁决同性婚姻合法，这意味着同性伴侣今后可在全美 50 个州注册结婚，而美国也成为全世界第 21 个全境认可同性婚姻的国家。

律师分析及法律规定：

张律师也注意到一个新闻，在 2016 年，一对同性恋爱人将民政局起诉到长沙市芙蓉区法院，要求正确认识同性婚姻合法，该案件被称为中国同性恋婚姻维权第一案，也引起了媒体的广泛关注。双方的逻辑思辨挺有趣,大家可以听一听,作为原告认为:《婚姻法》规定的是一夫一妻,但民政局混淆了"一夫一妻"和"一男一女"两个概念。 "一夫一妻"是针对多妻制或者多夫制而言,"一男一女"是指性别,"一夫一妻"与"一男一女"是两回事情, "一夫一妻"并不是指要一男一女的异性恋才能结婚。但芙蓉区法院宣判认为,《婚姻法》对申请结婚以及办理结婚登记的基本程序等做了专门规定,中国相关婚姻法律、法规明确规定结婚的主体是指符合法定结婚条件的男女双方。两原告均系男性,申请结婚登记显然不符合中国婚姻法律、法规的规定,所以最终驳回了诉讼请求。

那么法院之所以这么判,我查阅了一下《婚姻登记管理条例》第四条,是这样写的:"内地居民结婚,男女双方应当共同到一方当事人常住户口所在地的婚姻登记机关办理结婚登记。"而《婚姻法》第五条:"结婚必须男女双方完全自愿,不许任何一方对他方加以强迫或任何第三者加以干涉",第八条:"要求结婚的男女双方必须亲自到婚姻登记机关进行结婚登记。"等等,可见我国的法律还没有开放到允

许同性结婚的程度。

律师提示:

同性恋话题是一个沉重而又十分重大的法律问题和社会问题,对同性恋的认知,也是随着社会的进步而不断改变的。2001年4月,《中国精神障碍分类与诊断标准》正式将同性恋从精神病名单中剔除,也就是说同性恋是一种自然状态,而非疾病。从法律上说,同性恋作为自然人,其应享有相应的权利——性自由权,包括性选择权和性取向决定权。当然这些权利并未写入我国的相关法律规定,仍处在学理探讨的阶段,但我相信总有一天,随着社会的发展和进步,相关法律会有所修改。

十、婚前财产——不是你的就别再勉强。

案例:

小李和小郭恋爱一年,在结婚之前,女方小郭的父母提出要求:"要想婚姻过得好,买个房子少不了",如果男方小李家不把房子先买好,姑娘不能嫁。于是小李为了顺利把小郭娶回家,把自己存的娶媳妇的钱和父母攒的养老钱都拿了出来,在离小郭单位比较近的地方购买了一套现房,房屋交付简单装修后,两个人在新房里结了婚。结婚一年后,房产证也办了下来。婚姻三年是个槛,小李和小郭没迈过去,两人因性格不合闹起了离婚,小郭提出来,房产证取得的时间是在婚后,所以房子是夫妻共同财产,因此离婚的时候,房子应当各分一半,那么小郭的理由成立么?这个房子属于夫妻共同财产么?

问题:婚前买的房子,婚后办理房产证是夫妻共同财产吗?

律师分析及法律规定:

2001年《婚姻法》修订之前,最高院的司法解释规定婚前的房产在结婚八年之后转化为夫妻共同财产,但根据现行的《婚姻法》的规定,婚前和婚后财产是划分得很清楚的,婚前财产一辈子也不会转化为夫妻共同财产,因此有些配偶指望靠结婚多年把婚前财产熬成共同财产的,已经没有了法律依据。另外财产的取得是婚前和婚后,指标除了看证照办理的时间外,更重要的还是要看完成财产取得的实际时间,对于本案来看,小李在婚前支付了全部的房款,已经实际取得了房屋的所有权,办理房产证的过程是起到对外

公示的程序作用,因此该房产应当认定为小李的婚前财产。

《婚姻法》第十八条 有下列情形之一的,为夫妻一方的财产:

(一)一方的婚前财产;

(二)一方因身体受到伤害获得的医疗费、残疾人生活补助费等费用;

(三)遗嘱或赠予合同中确定只归夫或妻一方的财产;

(四)一方专用的生活用品;

(五)其他应当归一方的财产。

《关于适用〈中华人民共和国婚姻法〉若干问题的解释(一)》

第十九条 《婚姻法》第十八条规定为夫妻一方所有的财产,不因婚姻关系的延续而转化为夫妻共同财产。但当事人另有约定的除外。

律师提示:

现实当中还有其他情况,比如因为两人已婚,在办理房产证时,房产登记到了夫妻两人名下,那么这种情况虽然是一方婚前购买,但自愿登记两人名下的行为,在法律上是一种赠予行为,该行为一旦完成房产登记,那么这套房屋就属于夫妻共同财产了。

另外还有一种情况,婚前一方交首付款购买房屋,婚后共同还贷,房子仍登记在一方名下,那么这种房子,夫妻两人婚后归还贷款的那部分房屋的份额属于夫妻共同财产。比如男方婚前首付30%购房,贷款期限20年,夫妻两人结婚后,共同还房贷10年,那么这套房屋的35%的产权属于夫妻共同财产【(1-30%)÷20年×10年=35%】。

十一、亲夫妻明算账——如何做好婚前财产约定

案例:

小刘是一家网络科技公司的创始人,公司发展势头良好,上市是迟早的事。小刘的女朋友小章是大美女,郎才女貌实在是羡煞旁人。两人筹备婚礼的时候遇到难题,小刘公司股东会专门开会决定:小刘是公司的核心成员,公司的成败与小刘有直接的因果关系。在公司没有走上正轨之前,小刘的家事也是全公司的大事。如果小刘想结婚,必须和小章签订婚前财产约定,以免给公司造成不必要的麻烦。一边是女朋友,一边是公司投资人,这婚前财产约定真的有这么大

的影响么？

律师分析及法律规定：

随着人民越来越富有,婚姻所附带的财产、权益之争也越来越突显,很多思想较为开明的青年或家里比较有钱的父母,选择了把丑话说前头的方式,对婚前以及婚后财产如何分配处置,进行书面约定,以避免将来发生纠纷。

从法律上来说,《婚姻法》第十九条规定:"夫妻可以约定婚姻关系存续期间所得的财产以及婚前财产归各自所有、共同所有或部分各自所有、部分共同所有。约定应当采用书面形式"。也就是说夫妻签订财产约定是有法律依据的。

我们常听说国外有钱人,比如明星大腕在结婚前先得签了律师起草好的厚厚一本婚前财产约定,但到了中国,确实很少在婚前签这一纸协议的,不是法律没规定,而是中国是人情社会,一家人不说两家话的传统民俗使然。不签协议会导致什么？做律师经常会遇到离婚案件的当事人问得最多的问题是,我如何能把我的财产"合法地"转移？于是乎我们经常看到原先挺有钱的老公到了法庭上就变成了负债累累的生意失败者,从来不赌博的老婆突然变成了彩票事业的拥趸,反正是怎么没钱怎么来。与其走到离婚时候反目成仇,不如事先做好规划,分手还是朋友。

那么婚前财产约定主要有哪些内容和注意事项呢?张律师帮你梳理一下:

1.必须是书面约定,这是《婚姻法》对形式的要求,口头约定没有法律效力。

2.约定的双方是夫妻,而不是父母代劳;约定的财产是男方或女方个人名下的财产,而不是父母或他人名下的财产。如果约定的财产里面涉及了别人的财产,比如夫妻约定:双方结婚达到十年,男方父母同意将其名下的一套房子赠予小两口,那么需要男方父母也在该协议上签字同意,这样才有效,否则就成了对他人财产的处分,是无效约定。

3. 财产约定可以对婚前双方个人的财产的归属进行约定,也可以对婚后取得的财产归属进行约定,最好能写清楚给未来的孩子留点什么。

4. 财产约定可以约定当一方出现过错导致离婚时 (如出轨、家庭暴力、赌博、吸毒等),财产如何分割,即可以约定什么情况下"净身出户"。当然需要说明的是:虽然约定了

"净身出户",但法院不会简单地依约评判,而是会根据过错的程度、造成的损害后果、财产的多少、对离婚后生活质量的影响等多因素进行综合评判,适用过错赔偿原则进行判决。(关于法律不是百分之百支持夫妻约定的净身出户,下个问题再仔细讨论)

5.能办理公证,尽量办理公证。

律师提示:

为什么建议办公证,我们很多婚前财产约定的内容是将一方财产全部或部分赠予配偶,而这种赠予很多时候双方是不办理过户手续的,根据《合同法》第186条的规定:"赠予人在赠予财产的权利转移之前可以撤销赠予",也就是说婚前财产约定了一方将一半的财产赠予另一方,但因各种原因,双方没有办理房屋过户手续时,在出现感情问题的情况下,赠予一方有可能提出要求撤销赠予。同样根据186条第二款:"具有救灾、扶贫等社会公益、道德义务性质的赠予合同或者经过公证的赠予合同,不适用前款规定",也就是说公证过的赠予合同是不能撤销的,所以公证过的婚前财产约定是最保险的。

十二、出轨不一定等于净身出户

案例：

小明和小梅在东莞打工认识结婚，小明在工地搬砖，小梅在电子厂加工零件。不幸的事情发生，小明在工地干活时被楼上掉下来的砖头砸中脑部，导致颅骨骨折，经治疗后成了半植物人，单位支付了医疗费用和一定的赔偿之后，就撒手不管了，由于康复治疗费用巨大，小梅仅靠工资难以为继，没办法听朋友怂恿去歌舞厅陪唱挣点外快。一天晚上，有个有钱的老板死活就看上小梅要带出去，并开出了一万元的高价，小梅正愁交治疗费……有了第一次，之后的事也就顺理成章了。小梅就这样靠不光彩的皮肉生意赚钱，期间也被有钱的老板包养过。三年后小明醒了，世上没有不透风的墙，小明知道了小梅当小姐的事，一纸诉状将小梅起诉至法院，要求离婚，并以小梅出轨，存在过错为由，要求法院判决夫妻名下的所有财产归小明所有。

律师分析及法律规定：

大家在看一个问题时，肯定都支持有过错一方就应该净身出户，但看了这个案例的时候，我想很多人犹豫了，小梅是为了救小明才这么做的,这是特殊的案例,绝大部分出轨者可不是这种舍身取义的情况。

当然,这个例子只是想给大家提供一次开阔思路的机会,如果法律规定出轨就净身出户的话,是不是规定得过于僵化了。我们还是用法律思维的方式考虑法律是如何处理离婚过错的。

2001年《婚姻法》修订之后,规定了离婚过错赔偿制度。

"第四十六条 有下列情形之一,导致离婚的,无过错方有权请求损害赔偿:

(一)重婚的;

(二)有配偶者与他人同居的;

(三)实施家庭暴力的;

(四)虐待、遗弃家庭成员的。"

与出轨有关的,是第一、二款,即重婚和有配偶者与他人同居的。而关于同居,《婚姻法》司法解释(一)所给的定义为:"是指有配偶者与婚外异性,不以夫妻名义,持续、稳定地共同居住",这个定义很明显将一夜情、嫖娼等偶发性的出轨排除在赔偿范围之外,也就是说偶尔的一次出轨既不会导致法院直接判决离婚,也不是法律上认可的过错。(张律师提示一下:根据该条款,夫妻一方同性恋的也不被法律认为有过错,哪怕是和同性恋一方持续、稳定地共同居住,我想随着社会发展,这一条将与他人同居限定在"婚外异性"是该修改了)

不仔细研究不知道,这一研究才发现,我们的法律对于出轨一事原来规定得这么宽泛!

我们站到立法者的角度上,试试考虑这个问题:人的平均年龄已经达到 75 岁了,按一般 25 岁结婚,有半个世纪的人生是在婚姻当中度过的,两个人相处这么长时间哪有不发生矛盾的?冯小刚电影《手机》中有一句话:"拉着你的手,就像左手摸右手",从激情到平淡是每个夫妻都必然要经历的过程,如何处理好夫妻感情,更多的是夫妻俩的私事,法律不应当过分干预,如果把偶尔一次婚外情就认定为夫妻感情破裂而判决离婚,并将有过错一方净身出户的话,有可能会导致大量家庭破裂。并且换个角度来看,会不会引发另一种情况:丈夫想离婚了,故意找帅哥引诱妻子出轨,取证后要求对方净身出户,这种引发的道德和伦理风险更为可

怕。因此法律把出轨的过错提升到"重婚"和"同居"这种比较严重的违法行为上,也是经过慎重考虑的。

十三、夫妻一方对外所负债务,另一方是否有偿还的义务?

案例:

2012 年 2 月 15 日,董女士和王某结婚。在婚后不到两个月时间里,王某向叶某疯狂借贷 1120000 元。其中最早一笔 20 万元借债,发生于同年 3 月 14 日,此时两人的婚姻还没有满一个月。

据董女士讲述,结婚两个多月后王某即消失不见,至今下落不明。同年 6 月,她向当地法院提起诉讼,请求离婚。首次离婚未获得支持,直到 2014 年 2 月 20 日,再次起诉后才被法院判决准予离婚。

董女士和王某法律意义上的婚姻存在了两年,但共同生活的时间可能也就两个月。判决书显示,王某向朱某举债时间为 2012 年 2 月 19 日,此时为两人结婚的第四天。

因为这段婚姻,董女士付出了惨重代价。

此后的 10 多起民间借贷诉讼中,董女士均被判承担连带责任,总金额在 500 万元左右,这些借贷基本在婚后两个月内发生。婚前由父母出资,登记于董女士名下的一套价值 300 余万元的住宅已被强制执行拍卖,因资不抵债,她也成了"老赖"。

据了解,现在该案有了新进展。经董女士向法院提出再审申请,杭州市中院现已决定对该案立案审查。

律师分析及法律规定:

因为结婚被负债的情况,从 2016 年开始被媒体报道出来,引起比较大的社会反响,结婚不单单是感情投入的成果,有时候更像是一次鼓起勇气的投资,投资错误不仅得不到幸福的婚姻,有可能背上巨额的债务,像董女士这样结婚结成接盘侠的,在现实当中还是会经常见到的。

造成这种局面,症结在哪儿呢?为什么不是夫妻两人共同借债,尤其是夫妻一方瞒着对方从外借债,这钱也不知道花到哪儿去的,法院会判决夫妻共同还债?

这就是被很多人诟病许久的《婚姻法》司法解释二的第 24 条导致的。我们先看一下该规定是怎么说的:"债权人就婚姻关系存续期间夫妻一方以个人名义所负债务主张权利的,应当按夫妻共同债务处理。但夫妻一方能够证明债权人与债务人明确约定为个人债务,或者能够证明属于《婚姻法》第十九条第三款规定情形的除外"。《婚姻法》第十九条第三款的内容为:"夫妻对婚姻关系存续期间所得的财产约定归各自所有的,夫或妻一方对外所负的债务,第三人知道该约定的,以夫或妻一方所有的财产清偿。"

根据上述法律规定,一方对外所负的债务,配偶要想不承担,只有两种现实当中基本不会出现的情况出现:一、和债权人明确约定这是个人债务,二、夫妻俩采取 AA 制生活,而且第三人明知。所以说这种规定等于没规定,根本没法解决现实当中复杂的"被负债"的情况,嫁人的风险大过了投资公司的风险(公司还是在出资范围内承担责任,而嫁人可能承担的是无限连带责任)。

对司法解释二第 24 条的争议太大,2017 年 2 月 20 日,最高院就该条进行了进一步的司法解释,在第二十四条的基础上增加两款,分别作为该条第二款和第三款:

"夫妻一方与第三人串通,虚构债务,第三人主张权利的,人民法院不予支持。

夫妻一方在从事赌博、吸毒等违法犯罪活动中所负债务，第三人主张权利的，人民法院不予支持"。

最高人民法院同时下发了《最高人民法院关于依法妥善审理涉及夫妻债务案件有关问题的通知》，通知明确提出，未经审判程序，不得要求未举债的夫妻一方承担民事责任。

也就是说增加了虚假债务和非法债务不用共同承担的两种情形，并且不能在执行案件当中直接追回另一方为被执行人。

但这样的规定不足以解决现实当中所遇到的问题，而这新增的规定有点画蛇添足的感觉，因为虚假债务和非法债务本身就是不受法律保护的东西，法院查清了债务的性质，即使《婚姻法》不做规定，依据《民法》的基本原则，这样的债务也不会予以保护，还用专门强调么？现实当中急需解决的问题是，债务本身的性质无法查清时(对于不知情的配偶，其是很难证明债务是虚假和或非法的，证明一个东西不存在，从证据的角度来说，是很难证明的)，如何能让无知情的配偶免责，否则像董女士的情况就会继续大量出现。

于是在大量的吐槽和民意面前，最高院 2018 年 1 月专门

出台了《关于审理涉及夫妻债务纠纷案件适用法律有关问题的解释》,再次对24条的理解和适用进行了新的规定,内容为:

"第一条 夫妻双方共同签字或者夫妻一方事后追认等共同意思表示所负的债务,应当认定为夫妻共同债务。

第二条 夫妻一方在婚姻关系存续期间以个人名义为家庭日常生活需要所负的债务,债权人以属于夫妻共同债务为由主张权利的,人民法院应予支持。

第三条 夫妻一方在婚姻关系存续期间以个人名义超出家庭日常生活需要所负的债务,债权人以属于夫妻共同债务为由主张权利的,人民法院不予支持,但债权人能够证明该债务用于夫妻共同生活、共同生产经营或者基于夫妻双方共同意思表示的除外。"

通过条文可以看出,"共债共签"成为共识,即想认定夫妻债务,应当要求夫妻两人共同签字。除此之外,一些小额借款用于家庭使用的,注意哦,强调的是"家庭""日常""生活"这几个词,才可能被认定为夫妻共同债务,明显超出上述范围的,不再被视为夫妻共同债务,像董女士的困局,终因法律的修改而得到解决。

律师提示:

法律的进步并不仅仅是庙堂之上的意志表现,很多时候是百姓争取的结果,司法解释二第 24 条的修订就是在民间呼声不断高涨的情况下得以修改的,所以我们应当多学法、懂法,并不断提出自己的合理性建议,使我们的法律更加完善。

十四、夫妻一方提供担保或一方因侵权负债,是否是夫妻共同债务?

案例:

小李和小张是夫妻,小李开车上班的过程中发生交通事故导致行人小刘严重受伤,法院最后判决小李承担赔偿 30 万元,在执行过程中,小刘提出要求小张作为夫妻应共同承担赔偿损失,请问,小刘的主张合理吗?

律师分析及法律规定:

我们都理解婚姻存在期间,取得的财产一般是夫妻共同财产,债务是夫妻共同债务。《婚姻法》规定了几种不属于夫妻共同财产的情况,比如婚前财产,因伤所得的赔偿金等。但哪些债务不是夫妻共同债务呢?《婚姻法》上没明确规定，因此导致现实中对一些债务是个人债务还是共同债务产生认识上的分赴，比如夫妻一方为他人提供担保或因个人侵权导致负债，需要夫妻两人共同承担吗？

根据备受争议的《婚姻法司法解释二》第24条的字面意思理解："债权人就婚姻关系存续期间夫妻一方以个人名义所负债务主张权利的，应当按夫妻共同债务处理"，这个"债务"法律上并没有明确说明范围和种类，借款是债务，对外担保产生的债务、侵权产生的债务也应该是债务，那也应该夫妻共同承担。所以在案例当中，也有债权人因此向夫妻两人主张承担的，而判例对此问题的处理结果也各有不同，为解决争议，最高院于2014年做出了批复，对一方所负债务进行了限缩解释，将对外担保形成的债务排除在《婚姻法司法解释二》第24条所规定的"债务"之外。

之所以最高院这样认定，张律师认为最本质的判定原则还是：该债务是否为了家庭生活而产生，从担保的本质来看，替他人担保，明显是为了第三人的利益；而侵权负债是个人行为，存在过失导致，如因自身过错导致发生交通事故，所以不应该认定为夫妻共同债务。

《最高人民法院民一庭关于夫妻一方对外担保之债能否认定为夫妻共同债务的复函》(〔2015〕民一他字第9号)

福建省高级人民法院：

你院〔2014〕闽民申字第1715号《关于再审申请人宋某、叶某与被申请人叶某某及一审被告陈某、李某民间借贷纠纷一案的请示》收悉。经研究答复如下：

同意你院审判委员会多数意见，即夫妻一方对外担保之债不应当适用《最高人民法院关于适用〈中华人民共和国婚姻法〉若干问题的解释(二)》第二十四条的规定认定为夫妻共同债务。

律师提示：

上述两种情况虽然不认定为夫妻共同债务，但对于实行夫妻共同财产制的夫妻以及没有打算离婚的夫妻，一方在还债过程中，是很难分辨出是用一方的个人财产偿还，还是用夫妻共同财产来偿还，因为一方拿出钱来还债，也必然会减少了夫妻共同财产的收入。但是当一方担保或侵权负债导致法院强制执行夫妻共同财产时，比如强制拍卖夫妻共同的房产，作为另一方可以向法院提出异议，要求保留自己的份额。

十五、父母出资买房,属于夫妻共同财产吗?

案例:

张某与王某结婚一年,王某生了个大胖小子,张某的父母特别高兴,于是全款出资买了一套大房子,登记在自己儿子张某名下,张某与王某精心装修之后住到了这套房子里。几年之后,两人因性格不合闹起了离婚,王某提出来,这套房子是婚后买的,是夫妻共同财产,应该分一半;张某说这房子是我爸妈给我买的,是我的个人财产,王某没权要求分割。二人谁的观点正确?

律师分析及法律规定:

随着我国《婚姻法》的修订及一道道婚姻法司法解释的出台,我们可以清晰地看到法律对于婚姻财产归属思路的变化,从一开始的个人财产可以转化为夫妻共同财产,慢慢地变化为个人财产永远是个人财产不再转化,再进一步变化为因他人资助所产生的财产仍倾向属于个人财产。

怎么理解这三句话:《婚姻法》在 2001 年修订之前,我们的法律规定婚前财产,如房产经过八年,其他大额财产(如车辆、贵金属首饰等)经过四年就转化为夫妻共同财产,这对于保护女方的权益有很大的好处,当媳妇熬成婆的时候,丈夫的财产就是我的财产。但不知大家发现了没有,《婚姻法》的很多规定都面临到底是好还是不好的巨大争议,这条关于财产转化的规定,也导致了很多女人找对象就是为了找长期饭票,干得好不如嫁得好。《非诚勿扰》上马诺一句:"宁可坐宝马上哭,不愿坐自行车上笑",引起吃瓜群众的一片哗然,不得不说这思想的根源就在《婚姻法》的一些规定。为还原婚姻的本质和初心,打消有些人把婚姻当生意做,2001年《婚姻法》修订之后,明确了婚前财产永远都是个人财产。当然这种改法也引起了不少的反对之声,如果永远不能转化,会导致男方在结婚之前把房子买好,即便结婚之后女方全身心为家庭付出,在离婚时也分不到一分房屋价值。

此外,我们现实当中普遍存在为了子女结婚,父母出资购房的情况,很多家庭是父母将终身的积蓄拿出来给儿子买房,可一旦子女离婚,父母的权益会受到巨大影响,因此对于父母出资买房,相关的司法解释又做了进一步的规定,我们可以把父母出资买房分为以下几种情况:

情况一,父母在子女结婚前,全额出资购房,房屋登记

在自己子女名下。

这种情况就和夫妻一方在婚前购买房产，登记在自己名下一样，属于婚前的个人财产。

情况二, 父母在子女结婚前,出资房屋首付购房,房屋登记在自己子女名下,婚后继续由父母归还贷款。

首付部分属于婚前的个人财产，由于房子登记于自己子女名下,且婚后夫妻两人均没有偿还房子贷款的行为,仍由一方父母偿还,所偿还部分仍视为对自己子女的赠予,因此房屋仍属个人财产。

情况三, 父母在子女结婚前,出资房屋首付购房,房屋登记在自己子女名下,婚后由夫妻归还贷款。

这种情况,婚前首付部分属于个人财产,婚后由夫妻共同偿还的部分属夫妻共同财产。

情况四, 父母在子女结婚前,出资首付或全款,房屋登记在夫妻两人名下。

这种情况视为一方父母将房产向夫妻共同的赠予,属夫妻共同财产。

情况五, 两方父母在婚前出资给子女买房,房屋登记在夫妻两人名下。

两方父母在婚前给孩子凑份子买房，各方的出资视为对自己子女一方的赠予，该房产将来由夫妻两人按份共有，比如在婚前，男方父母出资 1/3，女方父母出资 2/3，那么这套房屋男方拥有 1/3 的产权，女方拥有 2/3 的产权。

情况六，父母在子女结婚之后，全额出资购房，房屋登记在自己子女名下。

这种情况视为父母对自己子女一方的赠予，不属于夫妻共同财产，这一条款是《婚姻法司法解释三》明确规定的，所以大家遵照法律执行就好了。

情况七，父母在子女结婚之后，出资房屋首付购房，房屋登记在自己子女名下，婚后继续由父母归还贷款或由夫妻归还贷款。

这种情况是比较难说清楚的情况，父母在子女婚后出部分资金买房，这时候父母的出资行为是赠予行为（包括是单方的赠予？还是对夫妻双方的赠予？）还是借款行为，作为夫妻很可能产生不同的认为。为避免纠纷，在父母没有全额出资购房情况下仅靠房屋登记在自己子女一方来证明房屋是对自己子女一方的赠予还不够明确。因此在这种情况下，父母在出资时，应该就出资的性质、赠予的对象做一个书面的澄清，比如写一个书面声明或协议，并且该协议在公证机关办理公证，表明自己出资时的态度，以避免将来各方对该出资的性质提出异议。

房屋贷款继续由父母归还，也赋予了父母对该房产的产权归属更大的发言权，也给父母带来更大的出资风险，所在这种情况下，做一个书面声明是十分必要的，切记：一定要对书面声明办理公证哦！

如果贷款由夫妻俩归还的，那夫妻归还的那一部分属于夫妻共同财产。

情况八，父母在子女结婚之后，出资购房，房屋登记在对方子女名下。

这种情况在现实中也时有存在，特别是在女方家人特别强势的情况下，男方父母出资购房，但将房屋登记在了女方名下，除非有特别明确的约定，能证明男方父母就是要将房屋赠予对方一人，否则该房产视为对夫妻双方的赠予。而这个特别明确的约定包括：男方父母书面的声明或协议，或将房屋登记为对方单独所有。

情况九, 父母在子女结婚之后,出资首付或全款,房屋登记在夫妻两人名下。

此种情况是对夫妻双方的赠予,房产属于夫妻共同财产。

情况十, 结婚之后,双方父母共同出资为子女购房,房屋登记在一方名下。

此种情况虽然只登记在一方子女名下,但双方父母各有出资,因此仍为夫妻双方按份共有。

情况十一, 双方父母共同出资为子女购房,房屋登记在夫妻两人名下。

此种情况属于双方父母共同对小两口的赠予,房屋属于夫妻共同财产。

是不是看上去特别的复杂?即便是专业律师说起来也是比较晕的,随着财富数额的增加,对财产的所有权和份额进行细分也是经济发展和法治进步的表现。

律师提示:

对于父母出资购房的事,张律师还要给大家一个明确的提醒。父母出资购房并不是口头上说一说,很多离婚纠纷发生时,父母主张出资了,可拿不出任何证据,或者拿出来的证据不够充分。比如说:父母把存款从银行取现出来,过了几天才去售楼部交款,但对方坚决否认钱款是用父母的钱交的,这时候就出现了证据不足的情况,因此如果父母就是想给自己的子女买房,一定留好证据,汇集来的钱通过银行转账的方式转入父母的银行卡,然后再由父母的银行卡通过刷卡或转账的方式向开发商付款,特别是父母又向亲友借款买房时,一定要留好书面的借条,并将钱款通过银行转账方式汇集到父母的卡上,切记:父母出资,一定要留好资金流向的痕迹。

十六、哪些财产属于夫妻共同财产?

案例:

小李与小赵结婚多年。2016 年年底小李在加班过程中突发疾病死亡。小李单位给予工伤赔偿金 60 万元,在与小李的父母分割这笔钱款时,小李爱人小赵提出来,这笔钱属于夫妻共同财产,首先应该扣除一半,剩余的 30 万元才是小李的遗产按法定继承进行分割,小赵的主张对吗?

律师分析及法律规定：

我们常说夫妻结婚之后所取得的财产一般都属于夫妻共同财产,具体来说有哪些是,哪些不是,婚姻法及司法解释做出了一些列举:

属于夫妻共同财产的包括(婚姻法第 17 条):

1.工资、奖金及各种收入福利。

上班的、打工的,天天劳作的成果属于夫妻共同财产,包括正常的月工资,也包括年终的奖励,还包括退休后领取的养老金,等等。

2.生产、经营所得。

开公司的、做老板的,赚来的钱也是夫妻共同财产,也包括股票、基金等投资的收益。

3.知识产权收益。

比如像张律师这样,辛辛苦苦写了一本书,如果卖到钱了,版权收益也得给媳妇管着。此外包括发明、专利、商标、软件、唱片等,如果赚到钱了,也是夫妻共同的。

拥有知识产权的夫妻在离婚时,为逃避对知识产权收益的分割,往往故意拖延领受知识产权的收益,比如说应当领取的稿费,因为打离婚官司故意不予领取,因此《婚姻法司法解释二》第12条做出补充规定:"《婚姻法》第十七条第三项规定的知识产权的收益,是指婚姻关系存续期间,实际取得或者已经明确可以取得的财产性收益"。

4.继承、赠予所得财产。

很多人以为父母去世所继承的房产属于个人所有,但实际上法律规定继承和赠予所得属于夫妻共同财产,怎样才能让继承的财产归属于个人所有呢?总共分两步,第一步需要被继承人生前留有遗嘱;第二步遗嘱上写明遗产只归夫或妻一人所有,不属于夫妻共同财产。赠予也是同样的套路,需要赠予协议中明确写明。

5.其他应当共同共有的财产。

这是法律规定的兜底条款,防止出现法律没有涵盖到的情况,具体会有哪些呢?张律师大概帮您归拢一下(《婚姻法司法解释二》第11条进行了列举):

(1)婚前财产投资,在婚后产生的收益。

比如一方以个人财产投资于公司或企业所得收益。如果投资享有的收益是在夫妻关系存续期间取得的,则对该公司或企业经营所得利润例如股权分红等,应认定为夫妻共同财产。

说到这里大家就发现个问题，如果是婚前买的股票在婚后大涨,那涨起来那部分收益算婚前投资产生的收益吗，算夫妻共同财产吗？我们的理解是:法律规定的"一方以个人财产投资取得的收益"是指因投资所给予的分红，并不包括股票本身上涨所带来的增值，这就好像婚前个人拥有的房产一样，即便结婚之后房价大涨,那房屋本身增值所带来的收益仍属于婚前财产。

（2）男女双方实际取得或者应当取得的住房补贴、住房公积金。

（3）男女双方实际取得或者应当取得的养老保险金、破产安置补偿费。

除《婚姻法司法解释二》第11条所列举的情况之外,还有:

（4）军人名下的复员费、自主择业费等一次性费用,以夫妻婚姻关系存续年限乘以年平均值，所得数额为夫妻共同财产。（《婚姻法司法解释二》第14条）

前款所称年平均值，是指将发放到名下的上述费用总额按具体年限均分得出的数额。其具体年限为人均寿命七

十岁与军人入伍时实际年龄的差额。

例如，某军人18岁当兵，28岁退伍，部队发放的复员费、自主择业费共25万元，该军人25岁结婚，30岁离婚。因此其年平均值为：25万元÷(70-18)年=0.48万元/年，该军人结婚5年，因此属于夫妻共同财产的份额为0.48/年万元×5年=2.4万元，如果离婚，女方可分得的财产为1.2万元。

（5）一方以个人房产出租的，对婚姻关系存续期间所得租金一般认定为夫妻共同共有。

婚前房产在婚后用于出租，是否属于夫妻共同财产，确实有争议。理论上来说，房屋用于出租是一种经营行为，经营所产生的收益，属于《婚姻法司法解释》第11条第一款"一方以个人财产投资取得的收益"，所以应该认定为夫妻共同财产。

当然也有观点认为房屋出租所收取的租金属于"孳息"，而孳息按《婚姻法司法解释三》第5条的规定，应属于个人财产（下面即将论述），所以不应当认定为夫妻共同财产。对于这样的争论，司法界还是多数认为租金属于经营所得，否则的话，如果一方的工资收入属于夫妻共同财产，而另一方的房屋租金归个人所有，明显存在不公平的现象。

十七、哪些财产属于夫妻一方的个人财产？

案例:

小王在结婚前有一套平房。和小李结婚之后,小李感觉平房居住特别不方便,极力要求换成楼房居住。赶巧的是,平房被政府旧城改造拆迁了, 给了70平方米的回迁房指标,三年之后,两口子又加了10万块钱,要了一套100平方米的回迁房。办房产证时,因为是小王的回迁房,房产证自然办到了小王一个人名下。几年之后,双方因感情不和提出离婚,小李说房产是在婚后取得的,属于夫妻共同财产,应该有女方的一半;而小王认为,房子是回迁房,是自己婚前的房产拆迁后换来的,并且房产证只写小王自己的名字,所以这房子只是男方个人财产,谁的观点正确呢?

律师分析及法律规定:

我们之前曾举例说明了婚前财产的个案, 我们现在系统说明一下,哪些属于夫妻一方的个人财产?个人财产的法律规定主要来源于《婚姻法》第18条:

1.一方的婚前财产。

婚前财产大家都理解了,不做过多解释,需要特别说明的是婚前财产转化形成的财产也属于个人财产。举个例子,女方婚前存有 50 万元的存款,结婚之后把这笔钱拿出来买了房子,房子也登记在女方一人名下,如果夫妻离婚,男方认为该房产是婚后购买的应当属于夫妻共同财产,那么女方可提供证据证明该房产是拿婚前个人的存款购买的,所以属于个人财产。切记:一方一定要拿出证据证明确实是婚前财产转化而来,否则可能存在败诉的可能。

根据这样的理论,案例中小王婚前的房子因拆迁后取得的房产,在原 70 平方米范围取得的回迁房,也属于婚前财产的转化,这部分份额还是小王的个人财产,而婚后两个人新购置的 30 平方米份额,属于夫妻共同财产。

还是需要提示大家,婚前财产转化买房的时候,切记:登记房屋所有权人时,一定只能登记在自己名下,如果登记在对方或夫妻两人名下的时候,则视为给配偶一方的赠予,离婚的时候想起来说这是个人财产的转化,已经于事无补,哭都来不及了。

2. 一方因身体受到伤害获得的医疗费、残疾人生活补助费等费用。

一方因遭受侵权导致人身损害所获得的赔偿，是对人身损害的弥补，不属于夫妻共同财产，是个人财产。

3.遗嘱或赠予合同中确定只归夫或妻一方的财产。

之前已论述，不再重复了。

4.一方专用的生活用品。

包括个人的衣服、化妆品、手机等，但对于价值较大的财物，比如贵重的首饰、每天上下班开的小轿车，这些因为价值较大，还应该按夫妻共同财产认定。

此外，随着网络的发展，很多人都有了自己的虚拟物品，比如 QQ、微信、游戏账号，这些应当属于个人财产，当然这些虚拟物品价值较大的，比如拥有数字货币，也应该属于夫妻共同财产。

5.其他应当归一方的财产。

这也是兜底条款，可能有哪些，张律师也帮大家清点一下：

（1）夫妻一方个人财产在婚后产生的孳息和自然增值（《婚姻法司法解释三》第 5 条）。

自然增值，上面我们已经说过了，比如房价涨了。孳息这是个专业的法律名词,从法学理论上来说,包括了自然孳息和法定孳息。什么是自然孳息,举例说明,母牛生的小牛,果树长出的果子,这都是自然孳息。法定孳息,如银行存款取得的利息。法律规定这些东西还是属于个人财产。

但对于该条规定,特别是自然孳息这一块,存在很多的争议。比如说丈夫婚前拥有一片果园,里面种满了苹果树,这些苹果树肯定属于丈夫的个人财产,大家都能理解,但这些果树长出来的苹果,按这条法律规定属于自然孳息,那么也应该属于丈夫的个人财产,但果树能长出苹果来,那是需要精心培育和照料的,存在经营管理行为,那么又符合《婚姻法司法解释二》第11条"一方以个人财产投资取得的收益"的规定,应该按夫妻共同财产处理。因此在司法实践当中,对于夫妻双方共同经营管理的婚前个人财产所取得的收益,还是认定为夫妻共同财产。

(2)军人的伤亡保险金、伤残补助金、医药生活补助费属于个人财产(《婚姻法司法解释二》第13条)。

道理同上。

(3)婚前的知识产权及离婚时一方尚未取得经济利益

的知识产权,归一方所有。

依据为:《关于人民法院审理离婚案件处理财产分割问题的若干具体意见》第十五条规定:"离婚时一方尚未取得经济利益的知识产权,归一方所有。在分割夫妻共同财产时,可根据具体情况,对另一方予以适当的照顾。"

律师提示:

对于婚前财产的难点就是出现财产转化的情况。夫妻结婚多年,婚前财产经过多次转化可能丧失证明能力,特别是对于金钱这种一般等价物来说,一旦没有了银行转账记录的证明,就很难再证明属于婚前个人所有了,所以对于比较大额的婚前存款,如果你认为对婚前财产与夫妻共同财产要清楚分开的话,请注意留存钱款走向的证据。

Lawyer

葛福资

葛福资律师

山西大学法律系毕业。

山西丹清律师事务所创始合伙人、主任。

中华全国律师协会未成年保护委员会委员。

太原仲裁委员会仲裁员。

从事律师工作 20 余载，在交通事故、未成年人保护、公司法务及重大刑事案件等领域积累了丰富的经验，稳重踏实，是可以信赖的资深律师。

律师热线：13753166126

律师格言

善良的心，

是最好的法律。

——葛福资

3

葛福资律师
直面交通安全的法律问题

>>> 14 个案例 + 问题 + 答案

交通安全事故处理热点关键问题 36 招

1.什么是道路交通事故？

2.不在道路上发生的事故如何处理？

3.什么是交通事故认定书？

4.对事故认定书不服的如何复议？

5.对事故认定书能否进行行政诉讼？

6.事故发生后谁有权扣留事故车辆？

7.如何向法院申请保全车辆？

8.对事故车辆是否必须进行性能鉴定？

9.为什么要对事故车辆进行碰撞部位的鉴定？

10.未办理过户手续的在发生交通事故的处理后谁承担责任？

11.连环购车未办理过户手续的在发生交通事故的处理后谁承担责任？

12.机动车转让后保险不过户发生事故后保险公司是否赔偿？如何赔偿？

13.什么是交强险？

14.被保险车辆中的"车上人员"能否转化为机动车交

强险中的第三者？

15.什么是商业第三者责任保险中的"第三者"？

16. 交强险和商业第三者保险的赔偿原则和规则是什么？

17.车辆的交通事故责任强制保险期满后未及时续保的即"脱保"的,车主如何承担责任？

18.什么是酒驾？

19.什么是醉驾？

20.酒驾和醉驾的要承担什么样的法律责任？

21.酒驾和醉驾发生事故后保险公司是否赔偿？

22.驾校学员驾驶车辆发生事故是否要承担责任？

23.机动车驾驶证被吊销或者机动车驾驶证被暂扣期间驾驶机动车的承担什么责任？

24.无证驾驶是否承担刑事责任？

25.无证驾驶车辆发生事故后保险公司是否赔偿？

26.免费乘车出了交通事故责任如何划分？

27.免费搭车者是否需要自担责任？

28.相约出游发生交通事故的责任如何认定？

29.相约出游发生交通事故如何赔偿？

30.道路出现坍塌.坑槽.水毁.隆起等损毁的责任引发事故谁承担责任？

31.道路上堆放物品后出现交通事故谁承担责任？

32.公路管理部门对哪些事故承担责任？

33.交通事故私了后能否再起诉？

34.不清楚受伤程度的情况下订立协议是否可以撤销？

35.什么才算是法律上的重大误解？

36.交通事故发生后亲属代签的赔偿协议是否有效？

一. 关于道路交通安全的基本规定:道路交通事故与非道路事故的基本处理

什么道路交通事故？是指车辆运行过程中发生的事故，如果车辆和行人都处于相对静止状态下发生的事故则不属于交通事故，只有一方或双方处于运动状态所发生的与道路活动有关的事件才可能成为交通事故。

不在道路上发生的事故如何处理？在居民小、工厂及在农田作业等地,机动车、非机动车因通行发生的人身伤亡或财产损失等事故,可以向公安机关或交警机关报案处理。

案例:

2011 年 3 月 10 日上午 9 点,太原市某自建平房小区居住的 60 岁的张某骑自行车去买早点,在路过一个小桥时被对面李某驾驶的一辆拉货卡车的马槽挂倒,卡车后轮将张某右大腿压至粉碎性骨折,张某住院治疗三个半月,花医疗费 5 万元。由于事故发生后双方都没有报警,事后交警部门对此案没有做出事故认定,双方对如何赔偿产生纠纷。

问题:

1.本案是否必须经过交警部门责任认定后才能进行赔偿?

2.受伤害的张某应通过什么途径才能获得有效的赔偿?

律师分析及法律规定:

《中华人民共和国道路交通安全法》(简称道交法)涉及的主体包括自然人、法人和其他组织,主要有驾驶员、乘车人、骑车人、行人,也有公安机关、政府有关部门等。涉及的客体包括交通工具和道路等。交通工具主要是车辆,车辆包括机动车和非机动车;道路是指公路、城市道路和虽在单位管辖范围内但允许社会机动车通行的地方,包括广场、公共停车场等用于公众通行的场所。本案的事故发生在工厂里的居民小区,依据法律规定,在居民小区、工厂及在农田作业等地,机动车、非机动车因通行发生的人身伤亡或财产损失等事故,不属于《中华人民共和国道路交通安全法》中的道路,因此,其事故不属于道路交通事故。

本案有两种处理办法:

(1)公安机关交通管理部门接到报案的,参照《中华人民共和国道路交通安全法》有关规定来处理。公安机关接到报警后,应当立即派交通警察赶赴现场,先组织抢救伤员,并采取措施,尽快恢复交通;对事故现场进行勘验、检查,收集证据;根据事故现场勘验、检查、调查情况和有关的检验、鉴定情况,制作交通事故认定书。交通事故认定书应当载明交通事故的基本事实、形成原因和当事人的责任,并送达当事人;接受当事人的请求,对当事人之间关于交通事故赔偿的争议进行调解。不能确定事故责任的,出具事故证明书。

(2)未向公安机关报案的,当事人可以直接向人民法院提出民事诉讼获得赔偿。关于赔偿数额,可以依据《中华人民共和国民法通则》第119条等的规定来处理。按《民法通则》与侵权责任法规定的范围、标准、计算方式确定赔偿方式与额度。

律师提示：

1.发生事故后要及时报警,通过公安机关交警部门确定事故的基本情况,固定相关证据。

2.及时从公安机关获取事故认定书或事故证明书,作为赔偿的法律依据。

二、 关于事故认定书的规定及复议规定

1.什么是交通事故认定书?

2.对事故认定书不服的如何复议?

3.对事故认定书能否进行行政诉讼?

案例：

李某于 2015 年 5 月 8 日发生交通事故,5 月 29 日向忻州市某交警大队申请对发生的交通事故进行事故认定,但是交警大队直到 2015 年 8 月 8 日仍未对该交通事故进行事故认定。李某想向法院提起行政诉讼,要求法院依法判令交警队做出事故认定。

问题：

1.对事故认定的性质能否行政进行诉讼？

2.关于事故认定书的规定救济方法有哪些？

律师分析及法律规定：

交通事故认定书是公安机关通过对现场的勘察、技术分析和有关经验、鉴定结论所出具的法律文书,其依据是现场勘验、检查、调查情况和有关的检验、鉴定结论,以及相关证据情况,通过对上述材料的分析、判断,查明交通事故的基本事实和形成原因,为交通事故的最终处理、分析当事人造成交通事故后果的形成原因, 以及人民法院处理交通事故损害赔偿案件、确定当事人民事责任的重要证据。主要陈述当事人违章行为与交通事故之间的因果关系, 以及违章行为在交通事故中的作用。交通事故认定书应当载明交通事故的基本事实、成因和当事人的责任,并送达当事人。公安机关交通管理部门出具的交通事故认定书只能作为处理交通事故的证据使用, 即是证据的一种, 不能进行行政诉讼。主要理由:一是保证公安机关交通管理部门中立地位的需要,有利于其客观、公正地搜集证据,不受其他影响;二是及时快速处理交通事故的需要，如果允许当事人对公安机关交通管理部门出具的交通事故认定提起行政诉讼，则公安机关会浪费大量的警力物力耗费在诉讼之上，快速处理交通事故将形同虚设。因此，《道路交通安全法》生效后就不能再单独就事故认定书进行行政诉讼。

律师提示：

1.公安机关交通管理部门应当自现场调查之日起十日内制作道路交通事故认定书。交通肇事逃逸案件在查获交通肇事车辆和驾驶人后十日内制作道路交通事故认定书。对需要进行检验、鉴定的，应当在检验报告、鉴定意见确定之日起五日内制作道路交通事故认定书。

2.当事人对道路交通事故认定或者出具道路交通事故证明有异议的，可以自道路交通事故认定书或者道路交通事故证明送达之日起三日内提出书面复核申请。复核申请应当载明复核请求及其理由和主要证据。同一事故的复核以一次为限。

三、 关于扣留事故车辆的规定

1.事故发生后谁有权扣留事故车辆？

2.如何向法院申请保全车辆？

案例:

2014 年 8 月 18 日下午,某市个体服装经销商林某某骑电动车在快速路上行驶,林某某违章超车,与对向行驶的运输车司机赵某某驾驶的客货车相撞。林某某倒地受伤,电动车受损。市交警大队在现场勘察、询问当事人后,将赵某某的汽车和车上的货物予以扣留,并指定赵某某预付医疗费,送林某某去医院治疗。赵某某于 8 月 18 日交付了 800 元医疗费。林某某于 9 月 1 日出院。在此期间,赵某某多次请求交警队发还被扣汽车和车上货物, 未被允许。同年 9 月 20 日,市交警大队做出了交通事故责任认定书,认定赵某某对交通事故无责任。市交警大队召集双方当事人就医疗费用的负担等事项达成调解协议结案, 并向赵某某发还被扣汽车和货物。赵某某认为县交警队是违法扣车,向县人民法院提起行政诉讼,同时提出行政赔偿请求。

问题:

1.公安机关是否有权扣留当事人的车辆?扣留多久就必须放车?

2.受伤害的当事人如何救济防止车辆被转卖？

律师分析及法律规定:

根据有关道路交通法律法规的规定，被告在扣车和货物、交通事故责任认定、调解等环节上明显超过法定时限，违反行政程序,确属侵权,应该认定交警大队违法扣车和货物的具体行政行为是违法的。被告违法扣车和扣留车上货物直接损害了原告的经济利益,应由国家赔偿。《道路交通安全法》第七十二条第二款规定:交通警察应当对交通事故现场检查,收集证据;因收集证据的需要,可以扣留事故车辆,但是应当妥善保管,以备核查。第三十三条规定因收集证据需要扣留事故车辆及机动车行驶证的,公安机关交通管理部门应当开具行政强制措施凭证,将车辆移至指定的地点并妥善保管。

事故车辆是可以扣留的,但是扣留的原因只能是收集证据的需要。不能以扣车逼迫机动车方交纳事故处理押金。依据《交通事故处理程序规定》第三十九条第二款规定:检验、鉴定应当在二十日内完成;需要延期的,经设区的市公安机关交通管理部门批准可以延长十日。检验、鉴定周期超过时限的，须报经省级人民政府公安机关交通管理部门批准。第四十二条规定:公安机关交通管理部门扣留的事故车辆除检验、鉴定外,不得使用。检验、鉴定完成后五日内通知当事人领取事故车辆和机动车行驶证。对弃车逃逸的无主车辆或者经通知当事人十日后仍不领取的,依据《中华人民共和国道路交通安全法》第一百一十二条的规定处理。

根据上述规定,在事故车辆经过鉴定,相关部门做出鉴定结论之日的 5 日内,交警应当通知机动车方取回车辆。一般情况下,鉴定不应该超过 20 日。

律师提示:

1.交警不能无限期扣留事故车辆。一般来说,最长 20 天,机动车方可以要求交警发还事故车辆。

2.如果受害方提出诉前财产保全,由法院依法做出财产保全裁定的话,车辆可能被扣留至诉讼结束。

四、关于事故车辆性能、碰撞部位的鉴定

1.为什么必须要对事故车辆进行性能鉴定?

2.为什么要对事故车辆进行碰撞部位的鉴定?

3.事故鉴定费用谁来承担?

案例:

2011年7月19日,张某驾驶货运车辆在省道314盂县段行驶过程中,由于车上满载货物,又处于下山路段,车速不受控制,张某因惧怕进入紧急避险车道会导致车毁人亡不敢驶入,于是在转弯处故意追尾前方正常行驶的一辆货车,导致自己驾驶的车辆侧翻发生交通事故,致使前车副司机和车主一死一重伤。经盂县交警队事故科事故鉴定认定,前车正常行驶无责任;张某追尾对方车辆,承担事故全部责任。张某委托鉴定机构鉴定认为车辆刹车系统故障是机械故障,不是责任事故。公安部交通管理科学研究所专家最后鉴定为车辆刹车系统正常,排除机械故障,是责任事故,最后法院采用该鉴定结论作为证据依法判处张某有期徒刑两年。

问题:

1.什么是机械故障?什么情况下做车辆性能鉴定?

2.什么是事故鉴定?什么是委托鉴定?

3.张某该不该承担刑事责任?

律师分析及法律规定:

法律规定:

《交通事故处理程序规定》第五十条:需要进行检验、鉴定的,公安机关交通管理部门应当按照有关规定,自事故现场调查结束之日起三日内委托具备资质的鉴定机构进行检验、鉴定。

对现场调查结束之日起三日后需要检验、鉴定的,应当报经上一级公安机关交通管理部门批准。

第五十一条:公安机关交通管理部门应当与检验、鉴定机构确定检验、鉴定完成的期限,确定的期限不得超过二十日。超过二十日的,应当报经上一级公安机关交通管理部门批准,但确定的期限最长不得超过六十日。

律师分析:

在事故处理过程中,当事人和代办代理人有权向公安机关提出鉴定和重新鉴定的申请。但前提一是鉴定申请的理由要公道;二是鉴定项目有助于弄清事实的真相;三是鉴定项目切实可行,能够实现。事故调查所需的鉴定由公安机关决定;事故调解所需的鉴定,当事人可以自行选择已在省级公安机关备案的鉴定机关鉴定。委托鉴定,应根据被鉴定题目的性质和难度,选择相应的鉴定机构;事故调查所需的鉴定，一般指派或委托公安机关的鉴定职员、鉴定机构进行;公安机关无法完成的,也可委托公安机关指定的社会有资格的鉴定机构进行,此类鉴定不能由当事人自行选择。

车辆安全性能检验鉴定的必要条件是交通事故车辆检验对象为:交通死亡事故;交通事故致人重伤或伤 3 人以上;交通事故造成恶劣社会影响;机动车无牌证或未按规定参加年度检验;交通事故车辆类型不明确;根据案情需对事故车辆检验、鉴定。事故车辆机械故障鉴定主要通过车辆特定部位拆解检查寻找车辆故障,查明故障原因,用以区别人为责任和机械故障。在鉴定过程中,有时候还可以根据案情需要进行痕迹鉴定,通过提取交通事故相关的接触痕迹比对、化验等检验手段,确定车、物、人是否有碰撞、剐蹭、碾轧等关系;不能确定肇事车辆,可通过整体分离痕迹鉴定确认脱落物质与车辆、物体、人体之间的关联关系;事故车辆轮胎有爆裂,可通过轮胎痕迹鉴定确认轮胎爆胎原因;夜间发生事故且车灯损坏,可做灯光开启冷热光源鉴定,来确定车辆发生事故瞬间的开启和关闭。

公安机关管理部门依据生效的鉴定结论确定肇事一方当事

人是否承担刑事责任,是否承担行政责任,还是单纯承担民事赔偿责任。

律师提示:

1.对肇事车辆事故鉴定不服的,可以经公安机关管理部门办案单位同意,办理委托鉴定机构重新鉴定。

2.涉及刑事犯罪的车辆鉴定费用由公安机关承担,但当事人自行鉴定的除外。

3.不涉及刑事犯罪的车辆鉴定,由事故当事人垫付,最后由责任人承担。

五、第三者责任强制保险的法律规定

什么是第三者责任强制保险?

如何理赔?

案例:

2015年5月24日,被告李某驾驶小型普通客车从清徐县往太原市区方向行驶,当行至晋祠路口路段,与从公路左侧路口出来横过公路的董某骑的电动车相撞,造成董某受伤、两车受损的交通事故。同年5月31日,该事故经交警大队交通事故认定书认定：被告李某驾驶机动车途经肇事地点，车速快，在容易发生危险的路段未减速慢行，负事故的全部责任。另查明，肇事车辆系被告徐某所有，临时交付给被告李某（成年司机）驾驶，肇事客车事发时未购买机动车交通事故强制保险。

问题：

1.李某该不该承担责任？

2.徐某该不该承担责任？承担什么样的责任？

律师分析及法律规定：

法律规定：

交强险的全称是机动车交通事故责任强制保险（简称交强险），是由保险公司对被保险机动车发生道路交通事故造成受害人（不包括本车人员和被保险人）的人身伤亡、财产损失，在责任限额内予以赔偿的强制性责任保险。交强险是中国首个由国家法律规定实行的强制保险制度。根据《机动车交通事故强制保险条例》（简称《交强险条例》）的规定，在中华人民共和国境内道路上行驶的机动车的所有人或者管理人都应当投保交强险，机动车所有人、管理人未按照规定投保交强险的,公安机关交通管理部门有权扣留机动车,通知机动车所有人、管理人依照规定投保,并处应缴纳的保险费的 2 倍罚款。

《机动车交通事故责任强制保险条例》第二条也规定:在中华人民共和国境内道路上行驶的机动车的所有人或者管理人,应当依照《中华人民共和国道路交通安全法》的规定投保机动车交通事故责任强制保险。《最高人民法院关于审理交通事故损害赔偿案件适用法律的若干问题的解释》第十九条明确规定:未依法投保交强险的机动车发生交通事故造成损害,当事人请求投保义务人在交强险责任险额范围内予以赔偿的,人民法院应予支持。投保义务人和侵权人不是同一人,当事人请求投保义务人和侵权人在交强险责任限额范围内承担连带责任的,人民法院应予支持。

律师分析:

徐某作为肇事车辆的车主,依法投保交强险是其法定的义务,但其未缴纳,发生交通事故后,原告不能从交强险中获得赔偿的损失是由投保义务人徐某与实际驾驶人李某某共同造成的,因此,徐某和李某某应在交强险责任限额范围内对原告承担连带赔偿责任，超出部分再由当事人按照过错责任划分。

首先，交强险实行的是严格责任，无过错责任归责原则，每个机动车辆所有人都负有投保机动车交通事故责任强制保险的义务，不履行义务，应当承担民事责任。投保交强险是机动车所有人或管理人的法定义务。由此可见，建立道路交通事故强制保险制度的目的是为了让受害人能得到最大限度的利益保障，其立法目的在于保护受害人。而在本案中车辆所有人徐某将车辆交给被告李某某驾驶，且未投保交强险，违反了《中华人民共和国民法通则》第一百零六条的规定"公民、法人违反合同或者不履行其他义务的，应当承担民事责任"的规定，其引起的后果是将这种可分散的风险转嫁到受害人身上，剥夺了受害人从保险公司获得赔偿的权利。故车辆所有人应当承担民事责任。

其次，在司法实践中，一般在机动车交通事故强制责任险的责任限额内实行无过错赔付责任，超出保险责任限额的部分实行过错责任原则，即被告应当按照交强险的保险责任限额予以赔偿，超出部分再按责任比例赔偿，具体依据

《道路交通安全法》第76条关于不足部分赔偿的规定进行赔偿,即"……不足的部分,按照下列规定承担赔偿责任:(一)机动车之间发生交通事故的,由有过错的一方承担赔偿责任;双方都有过错的,按照各自过错的比例分担责任。(二)机动车与非机动车驾驶人、行人之间发生交通事故,非机动车驾驶人、行人没有过错的,由机动车一方承担赔偿责任;有证据证明非机动车驾驶人、行人有过错的,根据过错程度适当减轻机动车一方的赔偿责任;机动车一方没有过错的,承担不超过10%的赔偿责任。交通事故的损失是由非机动车驾驶人、行人故意碰撞机动车造成的,机动车一方不承担赔偿责任。"

律师提示:

1.及时给车辆办理交强险,避免脱保的风险,现实生活中经常有车主的车辆脱保。

2.购买和转让二手车时要对交强险投保人进行变更。

六、商业第三者责任保险的规定及索赔

1.被保险车辆中的"车上人员"能否转化为机动车交强

险中的第三者？

2.什么是商业第三者责任保险中的"第三者"？

3.车辆的交通事故责任强制保险期满后未及时续保的即"脱保"的？车主如何承担责任？

案例：

2012 年 7 月 19 日，张某和李某驾驶货运车辆在省道 108 国道盂县段行驶过程中，由于车上满载货物，又加上下山，车速不受控制，后在转弯处撞上山边石头导致自己驾驶的车辆侧翻发生单方交通事故，致使车上副驾驶甩出驾驶室，经医院抢救 7 天后死亡。经交警队事故科事故鉴定认定，张某承担事故全部责任，李某无责任。张某被追究刑事责任。车辆投保交强险和第三者责任险。李某的家属将张某和保险公司诉至法院，要求在保险公司交强险和第三者责任险范围内赔偿。

问题：

1.张某是否应承担民事赔偿责任？

2.保险公司是否应在交强险和商业第三者责任险范围内赔偿？

3.李某是否为车上人员？能否转化为机动车交强险中的"第三者"？

法院判决：

该案在审理过程中，对于李某的亲属向张某和保险公司索赔，对于保险公司是否应当向李某亲属承担驾驶员车上人员责任险及第三者责任保险的赔偿责任，存在两种截然不同的意见。

第一种意见认为，保险公司不应当在机动车第三者责任强制保险责任限额范围内承担赔偿责任，应当驳回这项诉讼请求。理由是,李某在发生道路交通事故时,不仅是本车的驾驶员,而且是本车的被保险人。《机动车交通事故责任强制保险条例》第三条、第二十一条第一款明确规定,保险公司在交强险责任限额范围内只对本车人员、被保险人以外的受害人的人身伤亡、财产损失承担赔偿责任。

第二种意见认为，保险公司应当在商业第三者责任保险限额范围内，对李某亲属赔偿因李某死亡而产生的死亡赔偿金、丧葬费等。理由是,李某在发生道路交通事故时,已从车上人员转变为车外第三者,保险公司应当依照《道路交通安全法》第七十六条的规定承担赔偿责任。

经盂县法院一审、阳泉中院二审发回重审,再经盂县法院一审、阳泉市中级人民法院二审后,确定适用交强险和第三者责任险范围内赔偿,给受害者赔偿 58 万元,在执行过程中,受害人及保险公司各方进行让步,执行了 40 万元,执行和解中结案。

律师分析及法律规定:

法律规定:

车上人员责任险算是车辆商业险的主要保险,它的主要功能是赔偿车辆因交通事故造成的车内人员伤亡。投保了本保险的机动车辆在使用过程中,发生意外事故致使保险车辆车上人员遭受人身伤亡,依法应由被保险人承担的经济赔偿责任,保险人依照《道路交通事故处理办法》和保险合同的规定给予赔偿。赔偿限额为车上人员每人的最高赔偿限额由投保人和保险人在投保时协商确定,投保座位数以保险车辆的核定载客数为限。《交强险条例》第三条、第二十一条第一款规定了保险公司在交强险责任限额范围内只对本车人员、被保险人以外的受害人的人身伤亡、财产损失承担赔偿责任。《交强险条例》将第三者规定为本车人员、被保险人以外的受害人,但《道交法》规定的第三者的含义是机动车发生交通事故时,处于机动车外的受害者,并未将本车人员、被保险人这些受害人排除于第三者之外。

律师分析:

该案的案由应确定为"机动车交通事故责任纠纷",而不能确定为"财产保险合同纠纷"。否则,不仅会造成适用法律错误的现象,而且会损害受害第三人李某的合法权益,不利于维护社会的和谐与稳定。

由于机动车是一种交通工具,任何人都不可能永久地置身于机动车辆之上,故保险合同中所涉及的"第三者"和"车上人员"均为相对的概念,二者可以因特定时空条件的变化而转化。本案死者李某在发生交通事故前属"车上人员",但在发生事故时,其在车外死亡,此时,其身份随着时空的变化从车上人员转化为车外人员,相对于该车其已成为"第三者"。判断保险车辆发生道路交通事故而遭受人身损害的受害人是"本车人员"还是"第三者",应以事故发生时受害人所处的位置来确定,在车上的即为"本车人员",在车外的即为"第三者"。"车上人员"与"车外人员"不是固定的,因交通事故的撞击等原因导致车上人员脱离本车的,是否存在"转化"为第三人的问题,上述人员是否仍属于"车上人员"。

车上人员与第三者的区别在于,发生道路交通事故的瞬间,人员处于车上还是车外。如果人员处于车上,或者人员正在上、下车当中,则应当认定为车上人员;如果人员处于车外,且不存在上、下车现象,则应当认定第三者。司乘人员与第三者不是固定不变的,在一定条件下可以相互转化。本案的受害人李某在发生交通事故时已离开车体,不是正在履行司机的驾驶职责,其已经从车上人员转变为车外第三者。因此,在适用《交强险条例》时,应当对第三者的范围做出有利于受害人的扩大解释。由于保险公司在被保险机动车发生交通事故造成人身伤亡、财产损失时,应当承担无过错责任。《道交法》第七十六条第一款规定:"机动车发生交通事故造成人身伤亡、财产损失的,由保险公司在机动车第三者责任强制保险责任限额范围内予以赔偿;不足的部分,按照下列规定承担赔偿责任……"《交强险条例》第二十一条第一款也同样规定:"被保险机动车发生道路交通事故造成本车人员、被保险人以外的受害人人身伤亡、财产损失的,由保险公司依法在机动车交通事故责任强制保险责任限额范围内予以赔偿。"从以上法律、法规的规定可以看出,保险公司在被保险机动车发生交通事故造成第三者人身伤亡、财产损失时,尽管其没有过错,但仍然要依法承担赔偿责任。保险公司承担赔偿责任是法定的,并不附加任何条件。不管被保险机动车有无责任,不管驾驶人员有无过错,只要被保险机动车发生道路交通事故造成人身伤亡、财产损失的,保险公司均应依法在第三者责任强制保险责任限额范围内予以赔偿。保险公司不承担交通事故责任强制保险的赔偿责任,不仅会违反上述法律、法规的强制性规定,而且会损害受害第三者的合法权益,难以收到良好的法律效果和社会效果。

道路交通事故责任强制保险的立法目的,就是为了保障机动车道路交通事故受害人能够依法得到赔偿,促进道路交通安全。道路交通事故责任强制保险就其本质而言,仍然属于一种第三者责任保险,但其毕竟不同于第三者责任保险。该保险具有缴费强制性和社会公益性的特征,显然不同于自愿缴费的商业性第三者责任保险。道路交通事故责任强制保险的立法宗旨是维护社会公共利益,保障受害第三者的合法权益,促进社会的和谐与稳定。保险公司收取保险费的目的,不是为了盈利和扩大再保险业务,而是为了最大限度地保护受害第三者的权益,使受害第三者能够获得基本的社会救助和权益保障。如果让受害第三者这一弱势群体承受因驾驶人员的过错而遭受人身伤亡得不到保险公司赔偿这一法律后果,这不仅会违背道路交通事故责任强制保险的立法宗旨,而且也难以维护社会的和谐与稳定。尽管《交强险条例》第三条、第二十一条第一款规定了保险公司在交强险责任限额范围内只对本车人员、被保险人以外的受害人的人身伤亡、财产损失承担赔偿责任,但是《交强险条例》规定的内容与《道交法》规定的内容相抵触。《道交法》是全国人大常委会制定的法律,《交强险条例》是国务院制定的法规。法律是上位法,法规是下位法,上位法的效力要高于下位法,故在适用法律时,要优先适用上位法,而不能直接适用下位法。就本案而言,要优先适用《道交法》第七十六条第一款的规定,而不能直接适用《交强险条例》第三条、第二十一条第一款的规定。因此,保险公司不能依照《交强险条例》第三条、第二十一条第一款的规定,将受害人李某排除于第三者之外,并对其遭受的人身损害拒绝赔偿。

综上所述,本案的李某虽然是在车辆失控的情况下被甩出车外死亡的,但车辆发生交通事故的瞬间,其已从车上的人员转变为车外的第三者。

对于这种非常特别的保险案件,法院法官一般建议可以从个案角度去平衡,比如保险公司进行通融赔付(是指保险公司根据保险合同约定本不应完全承担赔付责任,但仍按照责任强制保险和商业第三者责任险赔付全部或部分保险金的行为)。

律师提示:

1.交强险和商业第三者责任保险的索赔是容易产生法律交叉的。

2.人员身份的确定。

3.案由的确定是争议的焦点。

七、醉驾、酒驾等相关法律问题

1.什么是酒驾？

2.什么是醉驾？

3.酒驾和醉驾要承担的是什么法律责任？

4.酒驾和醉驾发生事故后保险公司是否赔偿？

案例:

2014 年 12 月 2 日 4 时 50 分许，张某驾驶小型普通客车在太原桥东街发生单方交通事故，被交警大队一中队执勤民警查获。经民警对其现场进行呼气式酒精测试,其含量为 70 毫克/100 毫升,属于酒后驾驶机动车。张某对测试结果无异议并现场签名确认。随后民警将其送至 264 医院提取其血液送检验,其血液检验结果为:张某被查获时血液中酒精含量为 79 毫克/100 毫升。经调查取证,张某的行为涉嫌危险驾驶罪,被拘留。

2015 年 7 月 22 日 22 时 50 分,董某未取得机动车驾驶证、醉酒(经测董某玉血液中酒精含量为 221.7mg/100ml)驾驶无号牌摩托车，后载邱某，董某与邱某均没有戴安全头盔,沿漪汾街自西向东行驶,当车行驶至千峰路段时追尾碰撞一辆同向前方由张某驾驶停在路面的奔驰商务车，造成两车损坏、董某受伤、邱某受伤的交通事故。

律师分析及法律规定：

法律规定：

《交通安全法》2011年5月1日修正案： 第九十一条饮酒后驾驶机动车的，处暂扣六个月机动车驾驶证，并处一千元以上二千元以下罚款。因饮酒后驾驶机动车被处罚，再次饮酒后驾驶机动车的，处十日以下拘留，并处一千元以上二千元以下罚款，吊销机动车驾驶证。醉酒驾驶机动车的，由公安机关交通管理部门约束至酒醒，吊销机动车驾驶证，依法追究刑事责任；五年内不得重新取得机动车驾驶证。饮酒后驾驶营运机动车的，处十五日拘留，并处五千元罚款，吊销机动车驾驶证，五年内不得重新取得机动车驾驶证。醉酒驾驶营运机动车的， 由公安机关交通管理部门约束至酒醒，吊销机动车驾驶证，依法追究刑事责任；十年内不得重新取得机动车驾驶证，重新取得机动车驾驶证后，不得驾驶营运机动车。饮酒后或者醉酒驾驶机动车发生重大交通事故，构成犯罪的，依法追究刑事责任，并由公安机关交通管理部门吊销机动车驾驶证,终生不得重新取得机动车驾驶证。酒精含量达到 20 毫克/100 毫升但不足 80 毫克/100 毫升,属于饮酒驾驶;酒精含量达到或超过 80 毫克/100 毫升, 属于醉酒驾驶。目前,饮酒驾驶属于违法行为,醉酒驾驶属于犯罪行为。

法律解读:

2013 年开始实施的《交通安全法》,对酒驾、醉驾行为有了相应的处罚措施,近期出台的《关于办理醉酒驾驶机动车刑事案件适用法律若干问题的意见》(以下简下称《意见》)为更好地依法惩处醉酒驾驶机动车犯罪,维护公共安全和人民群众生命财产安全提供了法律依据。一、在道路上驾驶机动车,血液酒精含量达到 80 毫克/100 毫升以上的,属于醉酒驾驶机动车,以危险驾驶罪定罪处罚。二、醉酒驾驶机动车,具有下列情形之一的,从重处罚:(一)造成交通事故且负事故全部或者主要责任,或者造成交通事故后逃逸,尚未构成其他犯罪的;(二) 血液酒精含量达到 200 毫克/100 毫升以上的;(三)在高速公路、城市快速路上驾驶的;(四)驾驶载有乘客的营运机动车的;(五)有严重超员、超载或者超速驾驶,无驾驶资格驾驶机动车,使用伪造或者变造的机动车牌证等严重违反《道路交通安全法》的行为的;(六)逃避公安机关依法检查,或者拒绝、阻碍公安机关依法检查尚未构成其他犯罪的;(七)曾因酒后驾驶机动车受过行政处罚或者刑事追究的;(八)其他可以从重处罚的情形。三、醉酒驾驶机动车,以暴力、威胁方法阻碍公安机关依法检查,又构成妨害公务罪等其他犯罪的,依照数罪并罚的规定处罚。四、对醉酒驾驶机动车的被告人判处罚金,应当根据被告人的醉酒程度、是否造成实际损害、认罪悔罪态度等情况,确定与主刑相适应的罚金数额。五、公安机关在查处醉酒驾驶机动车的犯罪嫌疑人时,对查获经过、呼气酒精含量检查和抽取血样过程应当制作记录;有条件的,应当拍照、录音或者录像;有证人的,应当收集证人证言。六、血液酒精含量检验鉴定意见是认定犯罪嫌疑人是否醉酒的依据。犯罪嫌疑人经呼气酒精含量检验达到本意见第一条规定的醉酒标准,在抽取血样之前脱逃的,可以以呼气酒精含量检验结果作为认定其醉酒的依据。犯罪嫌疑人在公安机关依法检查时,为逃避法律追究,在呼气酒精含量检验或者抽取血样前又饮酒,经检验其血液酒精含量达到本意见第一条规定的醉酒标准的,应当认定为醉酒。

八、办理醉酒驾驶机动车刑事案件,应当严格执行刑事诉讼法的有关规定,切实保障犯罪嫌疑人、被告人的诉讼权利,在法定诉讼期限内及时侦查、起诉、审判。

对醉酒驾驶机动车的犯罪嫌疑人、被告人,根据案件情况,可以拘留或者取保候审。对符合取保候审条件,但犯罪嫌疑人、被告人不能提出保证人,也不交纳保证金的,可以监视居住。对违反取保候审、监视居住规定的犯罪嫌疑人、被告人,情节严重的,可以予以逮捕。

可以看出,《意见》对醉酒驾驶机动车刑事案件的有关法律问题有了更细致的规定,最新的酒驾标准、醉驾标准可以说对于酒驾、醉驾的处罚更加严厉。交警部门再次提醒广大市民,喝酒不开车,开车不喝酒,为了您和家人的安全,请勿饮酒开车。

律师提示:

酒后驾驶的行政责任和刑事责任的追究很严重。

九、无证驾驶证相关法律规定

1.驾校学员驾驶车辆发生事故是否要承担责任?

2.无证驾驶是否承担刑事责任？

3.无证驾驶车辆发生事故后保险公司是否赔偿？

案例：

陶某正在驾校学习驾驶技术，但还没有取得驾驶证。2013 年 6 月 12 日，陶某将单位的小汽车开去郊区游玩。在一路口等红灯时，由于距离过近，追尾撞上正在等红灯的王某驾驶的车，造成王某轻伤。

问题：

1.没有驾驶证陶某是否承担事故的责任？

2.王某是否承担事故的责任？

3.无证驾驶是否承担刑事责任？

律师分析及法律规定：

法律规定：

《中华人民共和国道路交通安全法》第十九条规定："驾驶机动车，应当依法取得机动车驾驶证。申请机动车驾驶证，应当符合国务院公安部门规定的驾驶许可条件；经考试合格后，由公安机关交通管理部门发给相应类别的机动车驾驶证。"《道路交通安全法实施条例》第二十一条也规定，公安机关交通管理部门应当对申请机动车驾驶证的人进行考试,对考试合格的,在 5 日内核发机动车驾驶证。因此申请机动车驾驶证必须经主管部门的资格审查,包括对其交通安全知识、驾驶技术多方面的考核,并不是所有的申请者都能获得驾驶资格。无证驾驶本身就是一种违法行为,具有潜在的交通安全隐患,法律明确禁止无证驾驶。

未取得机动车驾驶证、机动车驾驶证被吊销或者机动车驾驶证被暂扣期间驾驶机动车的,由公安机关交通管理部门处二百元以上二千元以下的罚款,还可并处十五日以下拘留。

根据《中华人民共和国刑法》第一百三十三条 规定,违反交通运输管理法规,因而发生重大事故,致人重伤、死亡或者使公私财产遭受重大损失的,处三年以下有期徒刑或者拘役;交通运输肇事后逃逸或者有其他特别恶劣情节的,处三年以上七年以下有期徒刑;因逃逸致人死亡的,处七年以上有期徒刑。

律师分析:

无证驾驶是指机动车驾驶人在未获取或持有与所驾车

型相对应的合法准驾证明的情况下驾驶该机动车。《道路交通安全法》明确规定驾驶机动车应当依法取得机动车驾驶证,公安部《机动车驾驶证申领和使用规定》规定机动车驾驶证区分不同的准驾车型。根据上述规定可知,认定无证驾驶应从两方面考虑,一是驾驶人应当取得机动车驾驶证,二是其所持有的驾驶证的类型应当与其所驾车型相一致。

本案中陶某无证驾驶机动车,属于违法驾车情形,在事故中承担全部责任。王某无责任。

大家会问,事故中无证驾驶就一定负全责吗?这里涉及道路交通事故责任的认定问题。公安机关交通管理部门经过调查后,会根据当事人的行为对发生交通事故所起的作用以及过错的严重程度,确定当事人的责任:(一)因一方当事人的过错导致交通事故的,承担全部责任;当事人逃逸,造成现场变动、证据灭失,公安机关交通管理部门无法查证交通事故事实的,逃逸的当事人承担全部责任;当事人故意破坏、伪造现场、毁灭证据的,承担全部责任; (二)因两方或者两方以上当事人的过错发生交通事故的,根据其行为对事故发生的作用以及过错的严重程度,分别承担主要责任、同等责任和次要责任； (三)各方均无导致交通事故的过错，属于交通意外事故的，各方均无责任；(四)一方当事人故意造成交通事故的，他方无责任。故当事人具有交通违法行为，如无证驾驶，但不是导致交通事故形成原因的，其交通违法行为依据相关法律法规处罚，不认定当事人的过错责任。

对于无证驾驶的情形下保险公司在交强险责任限额内是否赔偿的问题。《最高人民法院关于道路交通损害赔偿司法解释》第十八条做出了明确规定，即驾驶人未取得驾驶资格或者取得相应驾驶资格的，导致第三人人身损害，当事人请求保险公司在交强险责任限额范围内予以赔偿，人民法院应予支持。交强险保险人承担的是无过错的赔偿责任，其突破一般保险赔偿责任理论，与一般侵权责任和合同责任不同的是，其对违法情形下的损害仍然予以赔偿，因此，对于无证驾驶导致他人人身损害的，保险公司在交强险责任限额内应当承担赔偿责任。但需要强调的是，此时的赔偿仅针对第三人人身损害，对于财产损失，保险公司则不予赔偿。

对于无证驾驶的情形下保险公司在商业险责任限额

内是否赔偿的问题。商业险是投保人根据合同约定,向保险公司支付保险费,保险公司根据合同约定承担保险责任。商业险所反映的保险关系通过保险合同体现,保险公司是否承担责任就要看商业险合同中是否约定了无证驾驶免责条款,如果保险合同明确约定无证驾驶不属于保险赔偿责任且保险公司明确将该免责条款告知,则商业险不予赔偿。

基于交强险公益性和强制性的特点,对于无证驾驶保险公司对第三人人身损害进行赔偿,但此举并非纵容无证驾驶人逃避法律责任,交强险保险公司在已经实际向受害人支付保险金的前提下,可以在赔偿范围内向侵权人主张追偿权,该追偿权与传统保险法理论上的代位追偿权不同,这里所说的保险公司的追偿权是代受害第三人向侵权人请求赔偿的权利。

具体到本案,被告陶某在未取得机动车驾驶证的情况下驾驶机动车,存在明显过错。增大了道路交通安全风险,事故认定书认定其负事故全部责任。其车辆投保了交强险及商业险,但根据商业险免责条款第六条约定,被保险人无驾驶证的,保险人不负责赔偿,因此本案保险公司仅在交强险责任限额内对原告王某人身损害承担赔偿责任，保险公司在向王某实际赔偿后可另行主张向陶某的追偿权。

律师提示:

尊重交通参与者合法、平等使用道路权利。侵犯他人道路通行权、优先通行权的,为认定当事人事故过错责任的首要因素。

十、连环购车未办理过户手续的在发生交通事故的处理后责任分担

1.未办理过户手续的在发生交通事故的处理后谁承担责任?

2.连环购车未办理过户手续的在发生交通事故的处理后谁承担责任?

3.机动车转让后保险不过户发生事故后保险公司是否赔偿? 如何赔偿?

案例:

清徐县的赵某于 2013 年购买了一辆五菱之光面包车,于 2014 年底赵某将车装卖给黄某,后转让给卢某,卢某转

让给王某,王某转让给鲍某,车辆转让时,均未办理过户手续。赵某转让车辆时,将有关车辆资料交付了黄某,后又与黄某约定:黄某六个月之内办理车辆过户手续。黄某在转让车辆前未办理过户手续。之后的卢某、王某、鲍某均未办理过户手续。2015 年 3 月,鲍某开车送货过程中发生交通事故,造成白某等两人死亡、车辆损坏的后果。鲍某无力承担巨额赔偿。白某等的亲属起诉到法院,要求鲍某、王某、卢某、赵某共同承担赔偿责任。

问题:

1.事故中鲍某是否承担民事赔偿责任?王某、卢某、赵某是否承担民事赔偿责任?

2.王某、卢某、赵某是否承担其他责任?

3.名义车主和实际车主的划分依据?

律师分析及法律规定:

法律规定:

最高人民法院〔2001〕民一他字第 32 号关于连环购车未办理过户手续原车主是否对机动车发生交通事故致人损害承担责任的复函。

江苏省高级人民法院：

你院《关于连环购车未办理过户手续，原车主是否对机动车发生交通事故致人损害承担责任的请示》收悉。经研究认为：连环购车未办理过户手续，因车辆已交付，原车主既不能支配该车的运营，也不能从该车的运营中获得利益，故原车主不应对机动车发生交通事故致人损害承担责任。但是，连环购车未办理过户手续的行为，违反有关行政管理法规的，应受其规定的调整。《中华人民共和国物权法》第二十三条规定"动产物权的设立和转让，自交付时发生效力，但法律另有规定的除外"。第五十条规定，"当事人之间已经以买卖等方式转让并交付机动车但未办理所有权转移登记，发生交通事故后属于该机动车一方责任的，由保险公司在机动车强制险责任限额范围内予以赔偿。不足部分由受让人承担赔偿责任"。2012 年 12 月 21 日起施行《最高人民法院关于审理道路交通事故损害赔偿案件的司法解释》第四条：被多次转让但未办理转移登记的机动车发生交通事故造成损害，属于该机动车一方责任，当事人请求由最后一次转让并交付的受让人承担赔偿责任的，人民法院应予支持。

律师分析：

根据以上法律规定，机动车登记的车主出卖车辆未办理过户手续，车辆已经交付，未支配车辆，也未获得任何利益，在出卖的车辆发生交通事故时，原车主不承担责任。原车主不应承担民事责任的另外一个理由是，该车发生的交通事故既没有过错，也没有因果关系。

连环购车未办理转移登记或者变更登记手续，机动车发生交通事故时登记的机动车所有人应否承担赔偿责任，应当根据案件具体情况分别进行处理：如果机动车已实际交付买受人并已交付相关登记资料，登记所有人不享有运行支配权和运行利益，而负有办理变更（转移）登记法定义务的买受人怠于办理登记手续的，机动车登记所有人不承担交通事故损害赔偿责任；但在机动车交通事故责任强制保险合同有效期内，登记所有人未依法办理该责任强制保险合同变更手续的，应在机动车交通事故责任强制保险责任限额范围内与交通事故责任人（现机动车所有人）承担无过错连带赔偿责任。机动车虽已实际交付买受人，但登记所有人未履行登记协助义务或者容忍、许可实际所有人（买受人）

以其名义运行机动车的,登记所有人应当与实际所有人(交通事故责任人)就交通事故致人损害承担连带赔偿责任。

本案的核心问题是,根据什么理论来确定谁应当对机动车发生交通事故致人损害承担责任,即根据什么理论来确定机动车损害赔偿的责任主体?

具体操作就是通过"运行支配"和"运行利益"两项标准加以把握。所谓运行支配,通常是指可以在事实上支配管理机动车之运行的地位。而所谓运行利益,一般认为是指因运行而产生的利益。换言之,某人是否是机动车损害赔偿的责任主体,要从其是否对该机动车的运行在事实上位于支配管理的地位和是否从该机动车的运行中获得了利益两方面加以判明。进一步说,某人是否是机动车损害赔偿的责任主体,以该人与机动车之间是否有运行支配与运行利益的关联性加以确定。学说判例将以运行支配与运行利益作为判定机动车损害赔偿责任主体的责任依据。

依据《中华人民共和国道路交通安全法》对责任承担的判定,先由保险公司在机动车第三者责任强制保险范围内予以赔偿,超过责任限额的部分,在实行过错责任的前提下本着公平、公正的民法通则原则精神来判定责任主体。最高人民法院《关于被盗机动车辆肇事后由谁承担损害赔偿责任问题的批复》(法释〔1999〕13号)规定,"使用盗窃的机动车辆肇事,造成被害人物质损失的,肇事人应当依法承担损害赔偿责任,被盗机动车辆的所有人不承担损害赔偿责任。"在被盗机动车辆肇事的情况下,最高人民法院的司法解释,将"名义车主"即"所有人"的范围作了限缩解释,排除了被盗机动车辆的"名义车主"即"所有人"承担损害赔偿责任的可能性。被盗机动车辆的"名义车主"不承担交通事故赔偿责任,是因为此时的"名义车主"对被盗机动车辆既不享有"支配利益",也不享有"运行利益"。

最高人民法院《关于购买人使用分期付款购买的车辆从事运输因交通事故造成他人财产损失保留车辆所有权的出卖方不应承担民事责任的批复》(法释〔2000〕38号)规定,采取分期付款方式购车,出卖方在购买方付清全部车款前保留车辆所有权的,购买方以自己名义与他人订立货物运输合同并使用该车运输时,因交通事故造成他人财产损失的,出卖方不承担民事责任。该司法解释同样也将"名义车主"即办法所称的"所有人"的范围作了限缩解释,将"所有人"排除在承担赔偿责任之外。由于车辆的行驶和运营是在购买人的控制之下,保留车辆所有权的出卖方既不能支配车辆的行驶和运营,也不能从车辆运营中获得任何利益,根据"运行支配"和"运行利益"的理论,保留车辆所有权的出卖方不承担民事责任。

道路交通事故发生的民事责任也属于侵权责任,当事人承担责任的基础仍然必须符合侵权责任的构成要件。道路交通事故的归责原则仍然适用过错责任原则。其构成要件是:过错、损害结果、行为、行为和结果之间具有因果关系。

综上所述,连环购车未办理过户手续,因车辆已交付,原车主既不能支配该车的营运,也不能从该车的营运中获得利益,故原车主不应对机动车发生交通事故致人损害承担责任。但是,连环购车未办理过户手续的行为,违反有关行政管理法规的,应受其规定的调整。

律师提示:

1. 机动车转让后原机动车所有人要提供过户资料并积极办理过户登记。

2. 机动车受让人同时要将车辆附带的各类保险一起过户,否则发生事故后保险公司不予补偿。一定要及时变更车辆保险,因为保险单号上依据的是车牌,车辆变更后车牌、行车证、驾驶人都变更了,出险后理赔会很麻烦。

十一、关于相约出游发生交通事故的责任认定及赔偿

1. 相约出游发生交通事故的责任如何认定?

2. 相约出游发生交通事故如何赔偿?

案例:2013年9月份,李某与同事杨某、赵某约好一起去盂县藏山旅游,驾驶李某的别克轿车,在途中由赵某驾驶,由于车速过快,未采取刹车措施,导致车辆直接越中线与对面的河北籍货车相撞,造成车主李某、驾驶员赵某受伤,杨某被甩出窗外死亡的交通事故。交警部门认定,河北籍货车无责任,赵某承担事故全部责任,杨某无责任。车辆无机械故障,赵某有驾驶资格。车辆在某保险公司投保交强险和商业第三者责任险。杨某的亲属起诉到法院,除要求保险公司承担保险责任外,还要求李某和赵某承担连带赔偿责任。

问题：

1.车主李某是否承担责任？赵某是否承担责任？

2.赵某与李某是什么法律关系？

3.杨某在本次事故中是否是法律上的第三者关系？

律师分析及法律规定：

法律规定：

最高人民法院《关于审理人身损害赔偿案件适用法律若干问题的解释》第13条和第14条对此专门做出规定："为他人无偿提供劳务的帮工人，在从事帮工活动中致人损害的，被帮工人应当承担赔偿责任。被帮工人明确拒绝帮工的，不承担赔偿责任。帮工人存在故意或者重大过失，赔偿权利人请求帮工人和被帮工人承担连带责任的，人民法院应予支持；帮工人因帮工活动遭受人身损害的，被帮工人应当承担赔偿责任。被帮工人明确拒绝帮工的，不承担赔偿责任，但可以在受益范围内予以适当补偿；帮工人因第三人侵权遭受人身损害的，由第三人承担赔偿责任。第三人不能确定或者没有赔偿能力的，可以由被帮工人予以适当补偿。"《侵权责任法》第四十九条之规定，应当由机动车使用人承担赔偿责任。

律师分析：

本案法院经过一、二审、再审均认定赵某与李某是帮工人关系，赵某在事故中存在重大过错，应与车主李某承担连带责任。杨某在本次事故中是法律上的第三者关系，适用交强险及商业第三者险范围内予以赔偿。李某、赵某和杨某是多年的同事和朋友关系，赵某自告奋勇开车与朋友一同游玩也不悖情理。无论是赵某主动要求驾驶还是李某主动请求代驾，均不改变其代驾的性质，赵某代李某开车时，双方对代驾费用及风险责任如何承担并无约定，只能认定是无偿代驾，法院认定其行为为帮工，符合事实及帮工的法律特征。因此受害人要求车主承担赔偿责任应予支持，但因车辆的实际控制人赵某对造成事故明显存在重大过失，其应与车主共同对受害者承担连带赔偿责任。根据《侵权责任法》第四十九条之规定，应当由机动车使用人承担赔偿责任。受害人杨某在本起事故中应当属于第三者。在本案中，现场证据证明杨某是在交通事故时被抛出车外，结合其重型颅脑损伤致死的情况，有理由相信，其受伤主要产生在坠地时致重型颅脑损伤，已不属于本车人员，从保护交通事故受害者的角度出发，应对受害者杨某的受伤死亡，在交强险及商业第三者险范围内予以赔偿。

律师提示：

1.相约出游要对车辆的性能、保险状况以及驾驶人驾驶能力和驾驶经验做正确确认和判定；尽量避免驾驶不太熟悉性能的车辆。

2.最好签订书面的协议，约定各方面的权利、义务。

十二、"好意同乘"发生交通事故责任如何认定

1.免费乘车出了交通事故责任如何划分？

2.免费搭车者是否需要自担责任？

案例：【基本案情】

2015 年 11 月 14 日，郑某和往常一样，驾驶奥迪轿车载卢某下班。郑某违章跨越道路中心双实线超车与相向行驶的小客车相撞，致卢某受伤。事发后，交警部门做出交通事故责任认定，认定郑某负事故的全部责任，小客车司机无责任，卢某无责任。后卢某要求郑某赔偿，遭拒绝后向法院起诉。

问题：

1.好意让其他人乘车为什么要承担赔偿责任？

2.无偿搭乘者自己不承担责任吗？

3.如何分担事故责任的比例？

法院判决：

法院经审理认为，因被告郑某的过失行为导致原告卢某受到损害，原告卢某要求被告郑某赔偿损失于法有据。原告卢某长期无偿搭乘被告郑某的车辆上下班，将自身安全无条件地交与被告郑某，对此次事故的发生亦负有一定责任，其要求被告郑某全额赔偿的理由不符合风险与利益共存的原则，故判决郑某承担90%的责任，卢某承担10%的责任。

律师分析及法律规定：

法律规定：

依据《民法通则》第119条的规定，侵害公民身体造成伤害的，应当赔偿医疗费、因误工减少的收入、残废者生活补助费等费用；造成死亡的，应当支付丧葬费、死者生前扶养的人必要的生活费等费用。

律师分析：

本案的焦点是被告出于好意让原告搭乘自己的车辆上下班，发生交通事故，被告是否应当赔偿原告的损失。所谓好意同乘,是指车辆驾驶人出于善意,同意他人搭乘自己的车辆。目前,我国对于好意同乘无明确的法律规定。但好意同乘者搭乘他人车辆并不意味着自己甘愿承担风险,车辆驾驶人也不能置好意同乘者的生命、财产安全于不顾。车辆驾驶人应承担保障同乘者在运输过程中的人身和财产安全的义务,即好意同乘者不因其无偿搭乘的行为而失去法律保护。如果事故是由于好意同乘者的故意或者重大过失造成,可以免除驾驶员与车主的民事责任。作为驾驶者应当对好意同乘者承担责任。驾驶者对于好意同乘者的注意义务并不因为有偿与无偿而加以区分。对于驾驶者同样适用无过错责任。搭乘者有过错的,应减轻驾驶者的民事责任;搭乘者无过错的,可以适当酌情减轻驾驶者的民事责任,但是对于精神损害赔偿法院不应予以支持。本案中,被告允许原告搭乘,虽没有运送原告到目的地的义务,但负有安全保障义务,在搭乘过程中发生交通事故致原告遭受损害,应当承担相应的赔偿责任。

律师提示:

1.好意同乘时时刻要为自己安全及乘车人的安全负责。

2.免费同乘者无偿搭乘的行为并不意味着其甘愿冒一切风险。

169

十三、道路出现坍塌、坑槽、水毁、隆起等损毁的责任，道路交通设施养护部门或管理部门应当及时设置警示标识并及时修复

1.道路出现坍塌、坑槽、水毁、隆起等损毁的责任引发事故谁承担责任？

2.道路上堆放物品后出现交通事故谁承担责任？

3.公路局对哪些事故承担责任？

案例:

2013年7月18日17时40分，王某驾驶三轮摩托车由北向南行驶,轧在公路西侧赵某堆放的沙子堆上,致使三轮摩托车侧翻,造成王某受伤,后经抢救无效死亡。此事故经清徐县公安交通警察大队做出道路交通事故认定书,认定王某负此事故的主要责任,赵某负此事故的次要责任。

问题：

1.王某的责任为什么是主要责任？

2.在公路上堆沙子的赵某承担什么责任？

3.公路局是否承担民事赔偿责任？

法院判决：

法院审理认为，公民的人身权利受法律保护，侵害公民人身造成损害后果的，应承担民事责任。受害人对同一损害的发生也有过错，应当减轻赔偿义务人的赔偿责任。本案中王某负有主要责任，应减轻赵某的赔偿责任，应自行承担60％的责任。赵某负次要责任，应承担40％的责任。公路局是公路的管理机构，负有管理和维护的职责，未能履行确保公路安全畅通的职能，疏于管理，与赵某在公路上堆放沙子的行为直接结合在一起，导致造成王某死亡的同一损害后果的发生，应与赵某共同承担责任，并互负连带责任。

律师分析及法律规定：

法律规定：

本案中赵某在公路上违规堆放沙子承担责任不存在争议，公路局是否承担民事赔偿责任存在争议。若要承担责任，承担什么样的责任？依据《中华人民共和国公路法》第三十五条规定："公路管理机构应当按照国务院交通主管部门规定的技术规范和操作规程对公路进行养护，保证公路经常处于良好的技术状态。"依据上述规定，公路局作为公路管理机构,负有对公路进行养护并保证公路经常处于良好技术状态的职责,公路部门未全面及时履行其法定职责,应当承担赔偿责任。同时,根据最高人民法院《关于审理人身损害赔偿案件适用法律若干问题的解释》第十六条第一款第一项"道路因维护、管理瑕疵致人损害,由所有人或者管理人承担赔偿责任,但能够证明自己没有过错的除外"的规定,公路局应充分举证证明自己的养护管理行为对受害人的损害结果无过错,而其却无证据证实。

关于公路局、赵某是按份承担责任还是承担连带赔偿责任的问题。赵某在公路上堆放沙子的行为与公路局疏于管理的行为直接结合在一起,导致受害人王某死亡的同一损害后果的发生,根据最高人民法院《关于审理人身损害赔偿案件适用法律若干问题的解释》第三条第一款的规定,公路局与赵某构成共同侵权,应当依照《中华人民共和国民法通则》第一百三十条的规定承担连带责任。

公路局对道路没有清障义务,公安机关交通管理部门应负责对道路交通安全进行管理。本案是一起道路交通事故人身损害赔偿纠纷,应当适用《道路交通安全法》。该法第五条规定：国务院公安部门负责全国道路交通安全管理工作,县级以上地方各级人民政府公安机关交通管理部门负责行政区域内的道路交通管理工作，县级以上各级人民政府交通、建设管理部门依据各自职责,负责有关的道路交通工作。第三十一条规定:"未经许可,任何单位和个人不得占用道路从事非交通活动。"可见公安机关交通管理部门应负责对道路交通安全进行管理。赵某在道路上堆放沙子,应由公安机关的交通警察管理。路障的管理亦有明确的规定,《国务院关于改革道路交通管理体制的通知》第二条规定:"公安机关对全国城乡道路交通依法管理,包括交通安全宣传教育、交通指挥、维护交通秩序、处理交通事故和车辆检验、驾驶员考核与发牌发证、路障管理以及交通标志、标线与安全设施的设置与管理等。"这是路障管理行政分工有效的规范性法律文件,所以,公路部门没有清除公路路障的法定职责,公安机关是负责路障管理的行政机关,负有清理路障的义务。

十四、不清楚受伤程度的情况下订立协议,可认定为重大误解,该协议可依法予以撤销

1.交通事故私了后能否再起诉？

2.不清楚受伤程度的情况下订立协议是否可以撤销？

3.交通事故发生后亲属代签的赔偿协议是否有效？

案例：

张某骑电动车带着妻子正常行走，李某驾驶小轿车逆行。张某骑电动车摔倒，发生事故的当时张某膝盖明显伤痕一处，当时也没有去医院检查，交警确定定责是各占一半。李某所驾驶车辆的交通事故责任强制保险期满后未及时续保。在交警的协商下，张某的妻子与李某签订了一份协议，李某一次性赔偿张某2000元。发生事故后第二天张某感觉活动受限，去医院检查后发现是韧带错位，需要做手术来固定韧带。手术费要两万多元。张某向李某索赔，李某以已经签订协议并已经履行为由不同意增加赔偿。

问题：

1.张某还可以去找李某吗？如果李某拿着协议书不认账怎么办？

2.协议书能撤销吗？

3.张某的妻子替张某签订的协议有效吗？

法院判决：

公民的生命健康权与财产权利受法律保护，侵害公民的身体与财产造成损害的，应当赔偿由此造成的损失。《中华人民共和国道路交通安全法》第七十六条规定，机动车发生交通事故造成人身伤亡、财产损失的，保险公司在机动车第三者责任强制保险责任限额范围内予以赔偿。不足的部分，机动车之间发生交通事故的，由有过错的一方承担赔偿责任；双方都有过错的，按照各自过错的比例分担责任。本次交通事故，系被告在道路上逆行使原告所驾驶的摩托车倒地所致，但原、被告的车辆未直接相撞。公安局交通事故认定书认定为：同等责任。原、被告双方应根据各自过错程度承担相应责任。发生交通事故时，被告李某所驾驶车辆的交通事故责任强制保险期满后未及时续保，被告李某首先应在交强险限额范围内赔偿，不足部分由双方依据责任分担。本案被告主张，发生交通事故，已与原告达成了协议，补偿2000元的现金后与其无关。法院认为被告李某与原告张某的妻子王某达成协议时，原告未在医院检查治疗，没有参与签订协议，且对协议的内容原告不予追认，该协

议对原告不产生效力。原告的伤情以医院检查后住院治疗为准,原告据此起诉要求被告赔偿损失,法院予以支持。

律师分析及法律规定:

法律规定:

1.《道路交通安全法》第74条规定:对道路交通事故损害赔偿的争议,当事人可以请求公安交通管理部门调解,也可以直接向人民法院提起民事诉讼,经公安机关交通管理部门调解,当事人未达成调解协议或者调解书生效后不履行的,当事人也可以向人民法院提起民事诉讼。

2.《合同法》第五十四条规定:(一)因重大误解订立的;(二)在订立合同时显失公平的;一方以欺诈、胁迫的手段或者乘人之危,使对方在违背真实意思的情况下订立的合同,受损害方有权请求人民法院或者仲裁机构变更或者撤销。《最高人民法院关于贯彻执行〈中华人民共和国民法通则若干问题的意见(试行)〉》(简称《民通意见》)第71条规定:行为人因为对行为的性质、对方当事人、标的物的品种、质量、规格和数量等的错误认识,使行为的后果与自己的意思相悖,并且造成较大损失的,可以认定为重大误解。

律师分析：

一般来说，只要当事人具有完全的民事行为能力，经过平等协商自愿达成赔偿协议，并且该协议不违反法律、法规的强制性规定、不损害公共利益的，该赔偿协议应该就是有效的。本案原告以签订协议时存在重大误解，要求撤销该协议。根据《民通意见》第 71 条的规定，重大误解是指行为人因对行为的性质、对方当事人、标的物的品种、质量、规格和数量等的错误认识，使行为的后果与自己的意思相悖，并造成较大损失的行为。对"重大误解"司法认定的关键是"重大"的标准，主要包括两个方面：一是"重要事项"，如行为的性质、对方当事人、标的物的品种、质量、规格和数量等；二是"较大损失"。"较大损失"的判断可细分为两类：一是交易类活动，通过交易，增加财产收益，如果对交易重要事项发生误解，导致一方增益较少，此时虽有增益，但相较于不发生误解情况下，增益情况存在较大差别的，该方亦可以重大误解为由要求撤销合同。至于"较大损失"的确定，应考虑鼓励交易的精神、交易量、交易的利润空间和正常的商业风险。二是非交易类的，最典型的是侵权赔偿。此时不存在双方均增益或一方增益、一方减损的情况。但如果赔偿协商时,受害方对人身、财产损害的性质和程度存在误解从而导致获得的赔偿相较于不存在误解情形明显偏低的,受害方可以重大误解为由要求撤销协议。至于"较大损失"的确定,应着重考虑当事人主要是受害人对人身、财产损害的性质和程度的认识、判断和预见能力,以及赔偿数额大小。

认定"重大误解"要考虑的因素:①看协议约定具体内容,是否对将来可能发生的损害做出约定。如果协议仅就当前可确定的损害进行赔偿,将来发生伤情变化或确诊,出现新的赔偿项目,该协议的签订不影响今后的赔偿问题。从本案原被告达成的赔偿协议内容看,双方当事人对今后的医疗费做出了较为笼统的约定,应该说,协议对原告今后的伤情及治疗有所考虑。这种约定方式表明愿意接受今后确诊或发现新伤情得不到另外赔偿的风险。当事人一旦达成协议,只要不存在违反法律、法规的强制性规定等协议无效、可变更、撤销之情形,双方均不得反悔。②看伤情确诊及变化情况,是否与签订协议时存在重大差别。可以从两个方面考虑:一是从主观方面看,受害方对伤情及其可能变化是否有较为清楚的认识、判断和预见。本案中,原、被告双方在交警部门主持调解时,原告由于对其伤势程度不能正确认知、判断和预见,致使其在签订赔偿协议时对其伤势程度存在"重大误解",虽然与被告签订了"事故赔偿一次性了结,今后不再产生纠纷"的协议,对今后医疗费也做了笼统规定,但从本案的客观事实和损害后果角度看,调解协议中的赔偿数额与原告实际发生的损失差别较大,如果该项约定成立,对原告来讲明显有失公平。因此,原告在本案中的诉讼请求应当得到支持,法院结合雇主责任及交强险赔偿的相关规定做出的判决是正确的。

律师提示:

1. 发生权益受损时,要采取正当的措施保护自己的合法权益;

2. 签订协议时要明确签订协议的主体是否合法,约定的内容是否公平。

3. 车辆的交通事故责任强制保险期满后未及时续保,车主应在交强险限额范围内赔偿。

Lawyer

董 瑞

扫 码 关 注 董 瑞 律 师

董瑞律师

中国人民大学本科毕业。

山西中硕律师事务所主任。

高等教育"十三五"规划教材《经济法》副主编。

在房地产、拆迁、建筑工程纠纷、企业法务、民间借贷、债权债务、婚姻继承等方面有独到的造诣。

律师热线：13603555369

律师格言

精法以专业，

勤勉以敬业。

——董瑞

4

董瑞律师
解读债权债务的法律问题

>>> 30 个问题 + 律师解答 + 法条链接

1.借、欠、收条有区别,后果不同需谨慎

案例:张某在 2009 年借给朋友 20 万元,朋友给张某打的欠条,到现在也没有还,张某该怎么办?

律师:债务纠纷如果协商不成,可以采取诉讼的办法解决。如双方在欠条中没有明确约定还款日期,自欠条出具之日起三年为法定的诉讼时效。也就是说,在三年内如果提起诉讼,法院是支持的。但三年以后提起诉讼且无法提供合法有效的催收证明的,如欠款方以诉讼时效已过抗辩,法院就会以诉讼时效经过为由驳回张某的诉讼请求。建议张某找到欠款方, 要求对方出具还款计划书等能够证明对方认同欠款行为且张某有催收等中断诉讼时效的证据, 这样就可以有效规避相关风险。

律师建议:

生活中绝大多数人都无法正确区分借条、欠条之间的区别,甚至有些人以收条作为发生债权债务的凭据,从而给自身权益的维护造成不必要的妨碍和损失。律师建议大家在小额的民间借贷中更多地采取借条的形式, 因为借条和欠条两者显著的区别在于当双方未明确约定还款期限时,形成的诉讼时效不同。在双方未约定还款期限时，借条的诉讼时效起算是在第一次催收时，而欠条则是自出具之日起算。诉讼时效起算点的不同，会造成不同的举证责任及后期诉讼风险的增加。出借方因超过诉讼时效而承受败诉后果的例子在实际审判中比比皆是。至于收条，其仅仅能够证明收款行为，并不能当然地独立证明双方存在债权债务关系，以收条来代替借条的行为是极不可取的。

参考法条：

《民法总则》第一百八十八条 向人民法院请求保护民事权利的诉讼时效期间为三年。法律另有规定的，依照其规定。

诉讼时效期间自权利人知道或者应当知道权利受到损害以及义务人之日起计算。法律另有规定的，依照其规定。但是自权利受到损害之日起超过二十年的，人民法院不予保护；有特殊情况的，人民法院可以根据权利人的申请决定延长。

拓展法条：

《民法总则》第一百九十五条

2.借条书写要规范,少写遗漏有风险

案例:卢某的朋友向卢某借款人民币 10 万元,后卢某朋友失联。卢某向法院起诉,但因借条中缺少卢某朋友的身份信息,法院无法受理。那么,借条如何书写才能最大地保护出借人的合法利益?

律师:借条的基本书写,应当有明确的当事人双方的姓名、身份证号、借款事由、借款金额、出借方式、约定的利息、还款期限、借条出具日期以及双方签字、手印等。必要时应当留存对方身份证复印件,并在实际款项出借时让借款方出具相应的收款证明。

律师建议:

在众多的民间小额借贷中,人们更多关注的是当事人双方的姓名、金额、利息等信息,而往往忽略了其他。例如:很多人在发生债权债务关系时,并没有留存对方的身份证复印件,借条中也没有对这一问题特别注明,造成后期起诉时被告身份证无法确定、送达困难等风险;对于出借方式没有约定更是可能加重自身举证的负担,甚至可能承担败诉的后果;借款事由没有明确也有可能造成后期的诉讼风险,甚至可能会丧失刑事立案的机会。强烈建议大家在民间借贷过程中，书写借条时，一定要特别注明身份证号，保留对方身份证复印件，核实对方身份，避免借条中体现的名字和身份证名字的差别，明确出借方式是以现金还是转账形式，以及借款事由，方便后期借款人无力偿还时追加必要的债务承担人以及确认借款人是否构成欺诈行为等。

参考法条：

《民事诉讼法》第一百一十九条　起诉必须符合下列条件:(一)原告是与本案有直接利害关系的公民、法人和其他组织;(二)有明确的被告;(三)有具体的诉讼请求和事实、理由;(四)属于人民法院受理民事诉讼的范围和受诉人民法院管辖。

3.借钱没有打借条，录音取证要合法

案例： 赵某于2018年3月借给其朋友3万块钱，其朋友答应一个星期还款给赵某。赵某基于信任也没打借条。后来赵某去朋友家要钱，朋友拒不给赵某还钱，赵某就把朋友说的话偷偷录了音。赵某的录音合法吗?该录音能不能作为

证据起诉要求其朋友还钱？

律师：根据《中华人民共和国民事诉讼法》的规定，当事人对自己提出的主张，有责任提供证据。赵某如果要起诉其朋友，就要向法院提供其朋友向其借钱的证据。谈话录音是否合法，要看录音是否侵犯了他人的合法权益。录音是在其朋友家进行的，录音的内容如果也是针对其朋友借钱一事而非其个人隐私，没有侵犯其合法权益的话，该录音证据即是合法的。

律师建议：

在小额的借款过程中，因借贷双方往往具备特殊关系，出借方因为面子或其他因素，没有要求借款方出具借条或欠条，这样就会对后期追索债务形成障碍。在这种情况下，有几种方式可以补救：一、要求对方出具还款计划书，约定分期还款或重新约定还款日期；二、如果是转账的，银行出具的加盖公章的转账清单也可证明。如对方拿不出相反证据的，仍可作为借款处理；三、证人，如果有证人作证并出具真实的证人证言，一样可以作为证据使用；四、录音，录音要求完整，要体现对方的身份及对所借款项、所借金额的认同。通话录音、电话详单、短消息均可,录音内容不涉及对方隐私的也可作为证据。

参考法条:

《民事诉讼法》第六十四条　当事人对自己提出的主张,有责任提供证据。

拓展法条:

《最高人民法院关于民事诉讼证据的若干规定》第七十条

4、借款金额有大小,协议形式应区分

案例:李某的朋友向李某借了 30 万元,打了借条,以现金方式出借。李某的朋友现在不还钱,李某能否拿借条起诉?

律师:凭借借条是可以起诉的,但是由于 30 万元的金额比较大, 如果借条当中没有明确约定是以现金方式出借的话, 单凭该借条无法完整证明借款行为已经真实全部履行。如果李某的朋友有其他证据证明未实际履行的话,存在较大的诉讼风险。

律师建议:

民间借贷采取的方式往往比较简单, 以现金出借的方

式居多。根据我国现行法律及相关判例,对于不同的民间借贷金额的认定,法院对其证据的要求是有差别的。建议:5万以内的金额,可以采取借条或欠条的方式订立,可以现金的方式出借,但应在借条或欠条中注明出借方式;5万元以上20万元以内的金额,建议以银行转账的方式出借,同时在借条或欠条中注明出借方式。如遇到出借方和银行接收方姓名不一致时,出借方应对此进行书面说明,例如在备注中注明;20万元以上的借款,建议以借款合同的形式订立,同时应对借款事由、利息、出借方式、还款方式、期限明确约定,以银行转账方式为上。

5.借款未按约定用,收回借款也可行

案例:孙某于半年前向王某借款100万元,借款合同上写明该笔借款用途为做酒店生意周转,借期2年。后来孙某告诉王某,做酒店不挣钱,要炒股。王某认为现在股市不景气,风险很大,害怕出借的钱打了水漂。这种情况下王某能不能收回出借款?

律师:可以收回。借款合同中已经明确约定该笔款项用

途是酒店生意周转,孙某现在改变借款用途,将款项用于炒股,已经危及王某所期望实现的经济利益,所以王某有权收回该笔出借款。

律师建议:

在借款合同的签订中,一定要注意标明借款事由。这样在对方将所借款项挪作他用时,可以及时制止并要求对方停止挪用或提前返还借款,这是对出借人出借资金的有效保护。生活中有很多例子,借款方以买房或其他合理的理由借款后,将借款挪作他用或从事风险极高的金融行为,而由于双方在借款合同中对借款事由没有做具体约定,出借方无法及时索回出借金额,从而造成后期蒙受损失。

参考法条:

《合同法》第二百零二条 贷款人按照约定可以检查、监督借款的使用情况。借款人应当按照约定向贷款人定期提供有关财务会计报表等资料。

第二百零三条 借款人未按照约定的借款用途使用借款的,贷款人可以停止发放借款、提前收回借款或者解除合同。

6、借贷利息有规定,超出标准不保护

案例:孙某向其朋友借款 10 万元,约定利息为年利率 20%,孙某认为超过银行同期利率的 4 倍就不受法律保护了,孙某能不能以法律不允许为由不向他朋友支付利息?

律师:年利率 20%属于法律允许的范围内,孙某应当按约定向其朋友支付相应的利息。

律师建议:

法院对借款利息的认定分为三种。1.年利率低于 24% 的,法院予以支持;2.年利率在 24%~36%之间的,法院处于中立。如果借款人自愿支付,支付后又后悔想要回的,法院不会支持。如果出借人想要这部分利息,法院也不会支持。简言之就是"给了也别想要回来,不给也别想要";3.年利率超过 36%的,是法律所禁止的,法院不会支持。所以建议朋友们在打借条、借款合同时,一定要在法律允许的范围内对利息合理约定,过分地追求高息,可能会适得其反,遭到法律的禁止。另外很多时候,双方除利息的约定外,还有违约金的约定。那么对于违约金比例的要求,也是有一定限制

的。该违约金的比例不得远远大于因违约所造成的损失。这样，高额的违约金就存在偷换利息的概念，在实际裁判中也是不被支持的。因此对于违约金的约定应当合理适度。

参考法条：

《最高人民法院关于审理民间借贷案件适用法律若干问题的规定》

第二十六条　借贷双方约定的利率未超过年利率24%，出借人请求借款人按照约定的利率支付利息的，人民法院应予支持。

借贷双方约定的利率超过年利率36%，超过部分的利息约定无效。借款人请求出借人返还已支付的超过年利率36%部分的利息的，人民法院应予支持。

7.本、利计算有要求，复利不在保护内

案例：2015年1月蔡某因为要做生意向李某借款30万元，约定借期2年，每月月底支付利息，如未支付则利息计入本金。蔡某与李某就借款的约定是否有效？

律师：这种情况实际就是"利滚利"，也叫"复利"。根据

《最高人民法院关于贯彻执行〈中华人民共和国民法通则〉若干问题的意见》(试行)的规定,公民之间的借贷,出借人将利息计入本金计算复利的,法律不予保护。所以虽对利息进行了约定,但违反了国家有关借款利率的规定,不受法律保护。

律师建议:

我国的法律是不支持"利滚利"即"复利"的,如果借款协议中存在利滚利的行为,那么该涉及利息转入本金的约定即属于无效条款。也就是说出借人应当在约定的利息内支付利息,利息未支付的不应计算在本金内再次计算利息。之前已支付的在去除应付利息的部分后,相应扣减本金。如依然按照"利滚利"的利息,将本、利全部给付完毕的,可就多给付部分以不当得利向法院诉请返还。

参考法条:

《最高人民法院关于贯彻执行〈中华人民共和国民法通则〉若干问题的意见(试行)》第 125 条　公民之间的借贷,出借人将利息计入本金计算复利的,不予保护;在借款时将利息扣除的,应当按实际出借款数计息。

8、借款利息预先扣，本金相应也扣除

案例：2015 年 6 月周某向李某借款 20 万元，约定利息为每月 3000 元。李某将全年利息扣除后，通过银行向周某转账 164000 元。现在李某要求周某还钱，周某认为李某并未实际出借够 20 万元，不予偿还。现双方诉诸法院，周某的理由是否应当得到支持？

律师：根据我国《合同法》的规定，借款的利息不得预先在本金中扣除。利息预先在本金中扣除的，应当按照实际借款数额返还借款并计算利息。所以周某的应还本金应为164000 元。

律师建议：

在民间借贷中，有一种较为普遍的做法，即第一次借款时即将首月的利息或整体利息预先予以扣除，在法律上该扣除部分不作为借款的本金计算。其合法有效的做法应为：将借款协议中约定的借款金额足额交付给借款方，然后再由借款方在合同约定给付利息的时间将约定的利息进行给付，切不可预先扣除。作为借款方，其本金是按实际收到的资金为准，多还的利息可折抵本金。多还的本金部分，可以

以不当得利为由予以追回。

参考法条:《合同法》第二百条　借款的利息不得预先在本金中扣除。利息预先在本金中扣除的,应当按照实际借款数额返还借款并计算利息。

9.公司借贷要慎重,非吸集资是红线

案例:2015年周某办了一家公司,今年公司发展进入瓶颈,需要资金的注入,向银行贷款银行认为周某不具备贷款资格不予贷款。周某的公司可以向个人借款吗?

律师:可以同个人借款,但是要注意借款人的范围。首先,借款方应当为周某熟悉的、特定的人群,例如父母、兄弟姐妹、亲戚、公司员工等。利息应当在法律允许的范围以内,不能够一味地为了借款许以高息。特别要注意的是借款人群的范围一定应当是熟悉的、特定的人群或者公司的内部员工, 并且根据新制定的法律法规对于企业内部集资以及股东的人数有200人以内的限制。因此,员工内部集资也要慎重,避免人数过多而造成的刑事责任风险,否则有可能构成集资诈骗或者非法吸收公众存款罪。

律师建议：

一些企业因为自身的资质问题，无法获得银行贷款，而企业发展又需要资金的注入。于是就向社会上或者亲戚朋友、企业内部许以高息来获取资金，这种行为极易触犯法律。那么企业在碰到这种问题时，一定要注意借款方的特定性。向一定人数的亲戚朋友、家人、企业员工借款都没有问题，但首先要保证这笔金额是完整属于其自身的款项。如出借方因利息的诱惑向其他的不特定人借款后再借给企业或企业借款人数太多，超出人数太多，那么该企业就有可能构成非法吸收公众存款罪或者集资诈骗罪。建议企业在碰到需要注入资金的情况时，寻求相对正规的途径解决，如可向当地的中小企业管理局或相关商会寻求帮助。

参考法条：

《刑法》第一百七十六条 【非法吸收公众存款罪】非法吸收公众存款或者变相吸收公众存款，扰乱金融秩序的，处三年以下有期徒刑或者拘役，并处或者单处二万元以上二十万元以下罚金；数额巨大或者有其他严重情节的，处三年以上十年以下有期徒刑，并处五万元以上五十万元以下罚金。

单位犯前款罪的,对单位判处罚金,并对其直接负责的主管人员和其他直接责任人员,依照前款的规定处罚。

10.名为买卖实借贷,不改诉求要驳回

案例:罗某于2014年向他人出借人民币200万元,为保证对方还款,在出借的同时又与对方签订了房屋买卖合同。到期后对方不还,罗某能否要求对方履行房屋买卖合同?

律师:此双方的行为,实际上是名为房屋买卖,实为民间借贷的行为。如果罗某以房屋买卖合同的案由起诉,法院在释明后,罗某不变更诉求的,法院将做出驳回起诉的裁定。

律师建议:

现实中,出借双方为达到借款的目的,签署此类合同较为集中。通常是以在签订借款合同的同时签订房屋买卖,以及要求借款人签署若干全权委托办理房屋过户公证等授权的文件。这种情况造成了大量的出借方资金无法收回,以及借款方房屋被他人擅自出卖而引起的纠纷。针对这一情况最高人民法院出台了《最高人民法院关于审理民间借贷案件适用法律若干问题的规定》,其中第二十四条明确规定

"当事人以签订买卖合同作为民间借贷的担保,借款到期后借款人不能还款,出借人请求履行买卖合同的,人民法院应当按照民间借贷法律关系审理,并向当事人释明变更诉讼请求。当事人拒绝变更的,人民法院裁定驳回起诉"。同时中华人民共和国司法部印发的《关于公证职业"五不准"的通知》中要求公证处不准办理涉及不动产处分的全项委托公证,进一步规范了名为房屋买卖实为民间借贷的行为规范。建议出借方如为了降低资金出借的风险,应要求借款方采取有效的人的保证或物上的抵押,借款方也不应为了借款而草草签署空白的委托或其他主要信息未经确认的合同等。

参考法条:

《最高人民法院关于审理民间借贷案件适用法律若干问题的规定》

第二十四条 当事人以签订买卖合同作为民间借贷合同的担保,借款到期后借款人不能还款,出借人请求履行买卖合同的,人民法院应当按照民间借贷法律关系审理,并向当事人释明变更诉讼请求。当事人拒绝变更的,人民法院裁定驳回起诉。

按照民间借贷法律关系审理做出的判决生效后，借款人不履行生效判决确定的金钱债务，出借人可以申请拍卖买卖合同标的物，以偿还债务。就拍卖所得的价款与应偿还借款本息之间的差额，借款人或者出借人有权主张返还或补偿。

11.赌博借贷不保护，合法出借无风险

案例：黄某的老公跟朋友打麻将输了6万元。现在黄某朋友要求黄某及其老公还钱，黄某是否该偿还其老公的赌债？

律师：赌博是违反法律规定的民事行为，因赌博所产生的借贷关系从一开始就不受法律保护，黄某可以将此规定告诉对方，该笔钱不需要偿还。且法律规定，出借人明知借款人是为了进行非法活动而借款的，其借贷关系不予以保护。因此，由赌博而产生的借贷关系是不受法律保护的。

律师建议：

因赌博及其他非法方式产生的债务是不受法律保护的，同样因明知对方借款是从事违法行为而出借的，也不受法律保护。比如赌场上的借款，购买毒品的借款等。作为资

金的出借方，在资金出借时应当要求对方在借款协议上写清借款事由，以保证出借资金的安全。且资金的出借应当被用于合法途径，如出借时明知该笔资金是用来从事违法行为的，那么因此而产生的借贷关系是不受法律保护的。

参考法条：

《合同法》第五十二条　有下列情形之一的，合同无效：(一)一方以欺诈、胁迫的手段订立合同，损害国家利益;(二)恶意串通，损害国家、集体或者第三人利益;(三)以合法形式掩盖非法目的;(四)损害社会公共利益;(五)违反法律、行政法规的强制性规定。

12.债权放弃要慎重,保证跟着债权走

案例:张某向王某借了 200 万元,刘某用其价值 150 万元的房屋为张某做抵押担保,并且办理了抵押登记,由朱某提供担保。后来刘某同王某私下达成协议,将房子卖给了他人。朱某现在还需承担多少钱的保证责任?

律师:朱某只需要承担 50 万元的保证责任。同一债权既有人的保证又有物的担保的，保证人对物的担保以外的

债权承担保证责任。债权人放弃物的担保的,保证人在债权人放弃权利的范围内免除保证责任。

律师建议:

在借贷关系中作为保证的一方,债权人如果同意债务人放弃其物的担保的或债权人放弃部分债权的,对于债权人放弃的这一部分,保证人不再承担相对应价值的保证责任。而在现实生活中,很多时候保证人因为对此缺乏了解,不清楚债权人放弃物的担保后其保证责任减轻,仍承担超出范围的责任,造成不必要的损失,甚至可能导致其所保证的款项难以向债务人追回的情形。

参考法条:

《担保法》第二十八条 同一债权既有保证又有物的担保的,保证人对物的担保以外的债权承担保证责任。

债权人放弃物的担保的,保证人在债权人放弃权利的范围内免除保证责任。

13.债权转让第三人,履行通知有义务

案例:王某向何某借款 20 万元并签订了借款合同,约

定于 2016 年 5 月 30 日偿还。2016 年 4 月 1 日何某与孙某达成协议，将对王某的 20 万元债权转让给孙某。2016 年 4 月 15 日何某告诉王某债权转让给了孙某。而 2016 年 5 月 30 日孙某向王某索要欠款时，王某声称自己不欠孙某的钱，拒不还钱。王某的主张有道理吗？

律师：我国《合同法》规定，债权转让，通知债务人即生效，无需经债务人同意，但未通知债务人的，该转让对债务人不发生效力。何某将债权转让给孙某的行为不属于法律禁止的行为，何某只需要证明已经有效通知了王某，那么该转让行为有效，王某应当向孙某履行债务。

律师建议：

生活中有很多债权转让情况发生，债权方在转让债权时往往忽略了一个关键的问题，绝大多数时候，债权人仅是口头或电话通知债务方债权的转让行为。那么当碰到债务方不履行义务而以未收到通知为由进行抗辩时，原债权人因无法提供已有效通知债务人的证据，从而使得转让行为无效。建议债权的转让应以《债权转让通知书》的形式，书面通知对方，以邮寄送达的方式为佳，并在邮寄单中填写清楚

文件名称,保存好邮单及送达记录。

参考法条:

《合同法》第八十条　　债权人转让权利的,应当通知债务人。未经通知,该转让对债务人不发生效力。债权人转让权利的通知不得撤销,但经受让人同意的除外。

拓展法条:

《合同法》第七十九条

14.欠债公司未设立,往来证据很关键

案例: 张某经营着一家调料店,去年6月X酒店股东宁某以酒店的名义,从张某处购买了8万元的调味品,一直没有支付货款。张某现在想起诉,但该酒店去年8月才正式成立,张某应该是起诉股东宁某还是X公司支付货款?

律师: 这种情况在双方发生业务往来的单据或所发生业务的品种能够证明和其公司有关联的情况下,可以将个人和公司一同列为被告进行诉讼。

律师建议:

在遇到个人以公司名义或者以筹备组名义发生债权债

务关系时，应了解清楚对方的身份信息及在该公司的职务信息。在业务往来的单据中，请对方标明该笔业务的用途，或者明确注明是给 X 公司进行采购的。后期在同公司进行讨要时，应注意证据的保全，如该公司后期已成立，应积极同债务方进行协调，将欠条或相关能够证明发生债权债务关系的单据及时更换为公司的名称。如公司后期未成立的，可以将公司股东一并列入被告。

参考法条：

《最高人民法院关于适用〈中华人民共和国公司法〉若干问题的规定（三）》

第三条　发起人以设立中公司名义对外签订合同，公司成立后合同相对人请求公司承担合同责任的，人民法院应予支持。

公司成立后有证据证明发起人利用设立中公司的名义为自己的利益与相对人签订合同，公司以此为由主张不承担合同责任的，人民法院应予支持，但相对人为善意的除外。

拓展法条：

《最高人民法院关于适用〈中华人民共和国公司法〉若

干问题的规定(三)》第二条、第四条。

15.微信记录作证据,几个要点不能少

案例:X公司在微信上从广东一家企业购买了30万元的货物,支付款项后,对方仅发来价值5万元的货物。后期X公司多次催讨,对方拒不发货。因双方没有签订书面合同,也没有转款凭证,仅有微信聊天记录,X公司能不能以此起诉对方?

律师:如果微信记录完整,能够准确表明对方和X公司发生了合同关系,即可作为证据使用。但微信作为证据是有条件的。

律师建议:

随着互联网的发展和社会的进步,交易更多地采取了无纸化和网络化,证据的种类也愈发繁多起来。其中电子证据例如邮件、微信记录、支付宝记录等也更多地被用于审判过程中。微信等证据要得到足够的证明能力时,必须满足以下几个条件:一、合法性,以非法拘禁、暴力威胁、欺骗等方法获取的证据应当予以排除。在不构成对他人隐私侵犯的情况下,录音也可以作为证据。微信中的语音聊天记录以及文字记录是双方都知情的,其可以作为电子证据的一种予以采纳。二、关联性,在微信中的记录要想具备足够的证明力,应当有对方自认身份的证明、微信头像的截屏、微信号的 ID 指向及朋友圈中使用者的自拍、照片及其他可证明其身份的内容进行佐证,或其他电子证据中对方采取了实名认证以及通过腾讯公司等平台运营商协助证明其身份的,都可以。电子证据(如微信等)的内容应当具备连续性、原始性,即内容要连续,要有原始资料,其资料来源不能刻录,这样的电子证据方能具备足够的证明力。

参考法条:

《民事诉讼法》第六十三条　证据包括:(一)当事人的陈述;(二)书证;(三)物证;(四)视听资料;(五)电子数据;(六)证人证言;(七)鉴定意见;(八)勘验笔录。证据必须查证属实,才能作为认定事实的根据。

《最高人民法院关于民事诉讼证据的若干规定》第五十条质证时,当事人应当围绕证据的真实性、关联性、合法性,针对证据证明力有无以及证明力大小,进行质疑、说明与辩驳。

16.虚假交易逃债务,撤销权可来保护

案例:2015 年 9 月王某向孙某借款 80 万元,约定 2016 年 9 月偿还。借款到期时,孙某问王某索要,王某因生意失败,无力偿还。孙某知道王某有一套房子,市价为 140 万元左右,便要求王某以房屋抵债。王某说 2016 年 8 月底,其已将房屋卖给李某。后来孙某经过了解,该套房只卖了 20 万元。面对这种情况,孙某该怎么办?

律师:针对这种情况,孙某可以向法院提起诉讼,主张撤销该房屋的买卖行为。因为债务人王某在向孙某借款后,于债权即将到期前, 向第三人以明显不合理的低价转让财产,对债权人造成了极大的损害。是可以向法院主张依法撤销该买卖协议的。

律师建议:

在发生借贷关系时, 债权方通常忽略了对对方财产信息的调查, 在债务到期后债务方无法偿还时也没有对其原有财产的流向进行调查,因而承受损失。债务方为了逃避债务,可能制造许多虚假或者是极其不合理的买卖、赠予等行为,而债权人也不清楚其拥有撤销权,以至于自己的权益受

到损害。对于"明显不合理的低价",我国法律是有专门规定的,即:转让价格达不到交易时交易地的指导价或者市场交易价70%的,一般可视为明显不合理的低价;对转让价格高于当地指导价或市场交易价30%的,一般可以视为明显不合理的高价。债务人以明显不合理的低价转让本人或明显不合理收购他人财产,造成损害债权人利益的,人民法院可以根据债权人的申请,参照《合同法》第七十四条的规定予以撤销。

参考法条:

《合同法》第七十四条　因债务人放弃其到期债权或者无偿转让财产,对债权人造成损害的,债权人可以请求人民法院撤销债务人的行为。债务人以明显不合理的低价转让财产,对债权人造成损害,并且受让人知道该情形的,债权人也可以请求人民法院撤销债务人的行为。

撤销权的行使范围以债权人的债权为限。债权人行使撤销权的必要费用,由债务人负担。

拓展法条:

《最高人民法院关于适用〈中华人民共和国合同法〉若

干问题的解释(二)》第十八条、第十九条。

17.诈骗举债个人担,善意三人有保护

案例:钱某老公在半年前,听别人说其在国外继承了大量遗产,要交遗产税,交了税后给钱某老公返1000万元现金,钱某老公便信以为真。于是向朋友借钱,被骗了100多万元。钱某对这件事一无所知,钱某老公现在跑了,债主把钱某告上了法院,钱某应该怎么办?

律师:原则上来说,夫妻关系存续期间,一方所欠的债务,如果没有证据证明为个人债务,那么应当被认定为夫妻共同债务。但是如果钱某可以证明这100多万元的借款没有经钱某之手,钱某对此借款也不知情,且也没有用于夫妻共同的必要的生活,钱某也没有从中收益,那么这笔借款应当认定为夫妻另一方的个人债务,而非夫妻共同债务。

律师建议:

在司法实践中,出现夫妻一方被诈骗而举债的情形,如果债主要债务人夫妻双方来偿还,要求债务人的配偶举证证明说其不知道该债务的可能性比较小。因此在此类案件

中，债务人的配偶证明债务人所借的款项并没有用于家庭共同生活，比如配偶有独立的经济能力，且该资金往来发生在很短的时间内，没有经配偶之手，直接流向第三人，也没有用于夫妻共同生活。这样债务人被诈骗的钱才可能被认定为其个人债务，而非夫妻共同债务。但是如果出借方对此情况并不知情，即为善意第三人时，并且出借时借款方仍处于婚姻存续期间，借款的夫妻另一方仍应当承担还款责任，但有权向出借人追偿。

参考法条：

《最高人民法院关于审理涉及夫妻债务纠纷案件适用法律有关问题的解释》

第一条　夫妻双方共同签字或者夫妻一方事后追认等共同意思表示所负的债务，应当认定为夫妻共同债务。

第二条　夫妻一方在婚姻关系存续期间以个人名义为家庭日常生活需要所负的债务，债权人以属于夫妻共同债务为由主张权利的，人民法院应予支持。

第三条　夫妻一方在婚姻关系存续期间以个人名义超出家庭日常生活需要所负的债务，债权人以属于夫妻共同债务为由主张权利的,人民法院不予支持,但债权人能够证明该债务用于夫妻共同生活、共同生产经营或者基于夫妻双方共同意思表示的除外。

18.共同合伙有债务,无限连带来承担

案例:杜某和刘某原来是恋人关系,去年二人为开炸鸡店,向马某借款 10 万元,借条上写的也是杜某和刘某的名字。之后二人分手,炸鸡店关门。后来马某找上门来,说刘某以炸鸡店经营为由, 又向其借了 5 万元, 让杜某来偿还这 15 万元的借款。杜某该替刘某还钱吗?

律师:根据法律的相关规定,10 万元的借款应当共同偿还。至于之后的 5 万元,应当由刘某提供证据,证明 5 万元是用到了炸鸡店的经营上,如果无法证明,则应当由其个人偿还。合伙经营期间,个人以合伙组织的名义借款,用于合伙经营的,由合伙人共同偿还;借款人不能证明借款用于合伙经营的,由借款人偿还。

律师建议:

合伙企业在对外承担债务时, 合伙人各方承担无限连

带责任。对于合伙人中的对外举债,一定要厘清是个人举债还是因合伙经营的需要而对外产生的债务,应当保留相关的证明文件及证据。有必要时,可以在个人举债后,要求其他合伙人在债务文书上签字确认。合伙企业以企业对外举债的,合伙人各方应承担无限连带责任。因此,合伙企业的对外债务应当慎之又慎。因为无限连带责任是指在企业或入股资金均无法承担债务时,无限连带责任仍应当以自身的财产予以承担清偿责任。

19.三角债务不发愁,代位诉讼能解决

案例:刘某欠方某 100 万元,约定于 2016 年 10 月 1 日前归还。但到期后刘某拒不归还。张某还欠刘某 100 万元,已于2016 年 8 月到期,但是刘某又不向张某主张返还欠款,也不向法院起诉。在这种情况下,方某能不能直接向张某主张返还欠款?

律师:在我国的法律当中是有代位权诉讼的,如果方某能够证明张某与刘某之间确实存在已到期的欠款,且有证据能够证明刘某怠于或者消极行使其债权人的权利,方某

是可以进行代位权诉讼的。即方某有权直接向法院提起诉讼，要求张某代位支付该笔欠款。

律师建议：

代位权诉讼是一种有效保障债权人权益的方式，但是行使代位权诉讼应当注意以下几点：

①债权人对债务人享有合法的债权。②债务人怠于行使其到期债权，对债权人造成损害。③债务人的债权已到期。④债务人的债权不属于基于扶养关系、抚养关系、赡养关系、继承关系产生的给付请求权和劳动报酬、退休金、养老金、抚恤金、安置费、人寿保险、人身损害赔偿请求权等权利。

参考法条：

《合同法》第七十三条　因债务人怠于行使其到期债权，对债权人造成损害的，债权人可以向人民法院请求以自己的名义代位行使债务人的债权，但该债权专属于债务人自身的除外。

代位权的行使范围以债权人的债权为限。债权人行使代位权的必要费用，由债务人负担。

拓展法条：

《最高人民法院关于适用〈中华人民共和国合同法〉若干问题的解释(一)》第十一条、第十三条(9)

20.任意推责不还钱,表见代理有说法

案例:2014 年 X 公司在外地参加一个商品交易会,交了2000 元的参会费后,同参会的一家公司签订买卖协议,X 公司随即打款 70 万元。厂家在发过 10 万元的货后,便不再发货。到厂家要求继续供货时,厂家称与 X 公司签订协议的员工已经不在该公司工作,公司对其所签订的协议不知情。X 公司应该怎么办?

律师:这是一起典型的表见代理的案例,X 公司可将该商品交易会的组织者、对方厂家列为共同被告,向有管辖权的法院提起诉讼。如厂家不能够证明该业务员签订合同时所携的公章是伪造的或该业务员已于参加交易会前离职,则该厂家应当承担违约责任。如厂家证实该业务员不属于其工作人员,那么交易会的组织者应当举证证明其已尽到了必要的审核措施。如无法证明,则交易会的组织者应当承担责任。

律师建议：

企业在对外签订合同及经营过程中，有可能碰到某人以企业的名义签订合同及收取货款等行为。企业方在不具备审核公章真实性能力的情况下,应当及时书面发文,同该业务员所代表的公司或企业取得书面的联系，核实该人员的授权是否真实。企业在打款时,应避免将款项打入个人账户,如因特殊情况需要打入个人账户的,应获得对方所代表企业的书面授权。在参加类似交易会时,如需缴纳会费的,应当对会费缴纳证据保存。举办方在收取会费的同时,需要承担对参会人员的资格审核义务。作为企业的业务员,对外代表的是企业,他的对外业务同该企业之间形成表见代理。这种代理行为只要发生在其在职期间即可认为是一种公司行为。之后不论该人员是否在职,该笔债权债务的承受主体仍然应是其签订合同时所任职的公司。

参考法条：

《合同法》第四十九条　行为人没有代理权、超越代理权或者代理权终止后被代理人名义订立合同,相对人有理由相信行为人有代理权的,该代理行为有效。

拓展法条：

《合同法》第四十八条、第五十条。

21.婚内债务共同担,特殊情况需证明

案例:李某向王某借款 100 万元,约定一年以后偿还。到期后李某只偿还了 40 万元,然后就对王某避而不见。王某找到李某爱人,李某爱人称借条上没有其的签字,拒不还钱。现在借款已经超过两年了,王某应该怎么办?

律师:我国现在关于借贷的诉讼时效,自 2017 年 10 月 1 日起已延长为三年。如对方拒不还钱,王某应在三年内到有管辖权的法院将李某及其爱人列为共同被告,一起起诉。如李某爱人拿不出该笔款项为李某个人借款的证据,且出借方对此情况并不知悉,法院通常是按照共同债务来处理的。也就是说,其应当以夫妻的共同财产承担此债务。

律师建议:

很多债权债务的双方,对于债务承担责任主体的认识,都存在不同程度的误区。一种认为借条是夫妻双方中的某个人签署的,没有另一方的签名,理应为个人债务。另一种

认为只要夫妻一方签字,便当然是共同的债务。对于债务的承担主体,在法院的实际审判过程中,如果借款是在夫妻关系存续期间内的,首先是以夫妻的共同债务来进行判定,除非夫妻另一方拿出其不知情,且所借款项并没有用作夫妻的共同生活及经营的必要活动中,或者有证据证明出借方在出借该笔款项时,出借方已然知悉该笔款项为借款方个人使用的。这种情况下,法院才有可能判定为个人债务。这也是我们反复强调在订立借条或借款合同过程中,应当写明借款事由的原因之一。

参考法条:

《最高人民法院关于审理涉及夫妻债务纠纷案件适用法律有关问题的解释》第一条、第二条、第三条。

22.婚内债务有区分,房产抵押需登记

案例:郑某爱人去年向朋友借了80万元,并且以二人共同的房屋做了抵押登记。直至今年郑某夫妻俩准备卖房时,郑某才知道房子已经做了抵押。郑某爱人向朋友借钱的行为郑某完全不知情,房屋是二人的夫妻共同财产,郑某爱

人与其朋友之间的借款及将房屋抵押的行为是否有效？

律师：夫妻一方未经另一方同意，即以夫妻共有房屋作为抵押物签订借款合同的，如果合同相对方为善意、不知情，且履行了给付款项的义务，并办理了抵押登记的，应当认定为合同有效。如果出借方是善意的第三方，那么郑某爱人签订的合同是有效的，抵押权也成立。如果郑某能够证明该笔借款是郑某不知情的情况下发生的，且该笔款项也未用于夫妻生活中，那么该笔债务可以被认定为郑某爱人的个人债务。

律师建议：

针对房产抵押权的设立是有严格规定的。生活中很多人在办理借款时，借款合同中约定了对房产进行抵押，但因为房屋是小产权或其他原因未能及时办理抵押手续。此种情形下，法院在裁判中是按照借款合同有效，抵押权未设立来进行裁判。所以不动产所有权的确认和抵押，是以登记为标准的。很多的借款都是夫妻一方签字确认，作为出借方在有条件的情况下，应当获取对方夫妻二人的共同确认。这样可以避免后期不必要的纠纷。但作为借款方，如果想当然地以为只有一方签字的借款不能作为共同债务，却又无法提供出借方存在恶意及该笔款项并未用于夫妻共同生活及经营的证据,法院在认定上仍然以夫妻共同债务来认定。

参考法条：

《物权法》

第九十七条　处分共有的不动产或者动产以及对共有的不动产或者动产作重大修缮的，应当经占份额 2/3 以上的按份共有人或者全体共同共有人同意，但共有人之间另有约定的除外。

拓展法条：

《最高人民法院关于适用〈中华人民共和国担保法〉若干问题的解释》第五十四条。

最高人民法院关于适用《中华人民共和国婚姻法》若干问题的解释(三)第十一条。

23.保证期限有约定,要想改变需同意

案例:赵某向李某借款 10 万元,吴某提供担保,借款期限和保证期限均为一年。后来李某将借款期限和保证期限

均延长为两年,赵某同意,而吴某对此并不知情。吴某要承担保证责任的期限是多长?

律师:根据《担保法》的相关规定,保证期间,赵某与李某对主合同的借款期限和保证期限延长为两年,未经保证人同意,此时吴某的保证期间仍为原合同约定的期间,即一年。

律师建议:

保证人在保证时,如果条件允许,尽量签订担保合同。仅在借款合同上签名提供担保的,一定要在签名前标明"担保人"字样,并约定担保期限,同时在姓名下方注明日期。在实际案例中,经常会发生担保人仅签名,但未标明自己为担保人的例子。这样会造成在法院裁判时,如果没有有力的证据,则会将担保人列为共同借款人。其次,也有的担保人碍于面子,在空白的担保书或纸上签署自己的名字,或仅写明"我为该笔借款或该合同提供担保",并未对借款的金额和合同的编号进行明确的标注。这样很有可能会造成借款方以超出或违背担保人的意愿向债权方提供担保,而担保人又无其他有力的证据证明其担保的对象,从而承担自己意愿之外的更大的担保风险。如果借款人需要延长借款期限和担保期限时,必须经过担保人同意。未经担保人同意的情况下,私自改变借款期限和担保期限的,担保方不承担改变后的责任。如借贷双方就该笔借款重新签署协议或改变金额的,担保方视情况可免除担保责任。

参考法条:

《最高人民法院关于适用〈中华人民共和国担保法〉若干问题的解释》第三十条 保证期间,债权人与债务人对主合同数量、价款、币种、利率等内容作了变动,未经保证人同意的,如果减轻债务人的债务的,保证人仍应当对变更后的合同承担保证责任;如果加重债务人的债务的,保证人对加重的部分不承担保证责任。

债权人与债务人对主合同履行期限作了变动,未经保证人书面同意的,保证期间为原合同约定的或者法律规定的期间。

债权人与债务人协议变动主合同内容,但并未实际履行的,保证人仍应当承担保证责任。

24.保证责任有两种,一般、连带要区分

案例:孙某因做生意资金周转不开向王某借款 10 万元,借期 1 年,保证期 1 年,由赵某担保在孙某不能还钱时代孙某向王某还款。后来孙某因经营不善,无力向王某还款。但是现在王某却将赵某单独告上了法庭,王某这么做有法律依据吗?

律师:如果在保证文书中明确注明了"由赵某担保在孙某不能还钱时代孙某向王某还款"的内容,那么赵某的这种保证方式应为一般保证。在一般保证中,债务人孙某不履行到期债务的,债权人王某起诉,可以只列孙某为被告,也可以列孙某和保证人赵某为共同被告,但是不能只列保证人为被告,因此王某将赵某单独起诉的行为是错误的。反之,如果并没有任何文字说明赵某的担保责任是在债务人不能履行时方可实现的话,赵某的保证就属于连带责任保证,此时债权人可以单独起诉保证人,要求保证人在其保证范围内承担责任。

律师建议:

在法律上,保证责任分为两种:一般保证责任和连带保

证责任。如当事人在保证合同中约定,在债务人不能履行债务时,由保证人承担保证责任的,为一般保证。一般保证的保证人在主合同纠纷未经审判或者仲裁,并就债务人财产依法强制执行仍不能履行债务前,对债权人可以拒绝承担担保责任。如当事人在保证合同中约定保证人与债务人对债务承担连带责任的,为连带责任保证。在债务人未履行到期债务时,债权人可以要求债务人履行债务,也可以要求保证人在其保证责任范围内承担责任。保证责任的具体方式由当事人在保证合同中约定,没有约定或约定不明确的,按连带责任保证承担保证责任,保证人在约定的保证期间内承担保证责任。当事人未约定或约定不明确的,保证期间为主债务履行期届满之日起六个月。建议保证人应根据自己的真实意愿,慎重订立合同,对保证条款认真研读制定,避免法律风险。

参考法条:

《担保法》第十七条 当事人在保证合同中约定,债务人不能履行债务时,由保证人承担保证责任的,为一般保证。一般保证的保证人在主合同纠纷未经审判或者仲裁,并就债务人财产依法强制执行仍不能履行债务前，对债权人可以拒绝承担保证责任。

《最高人民法院关于适用〈中华人民共和国担保法〉若干问题的解释》

第一百二十五条　一般保证的债权人向债务人和保证人一并提起诉讼的，人民法院可以将债务人和保证人列为共同被告参加诉讼。但是，应当在判决书中明确在对债务人财产依法强制执行后仍不能履行债务时，由保证人承担保证责任。

25.保证期限应约定，约定不明视两年

案例：刘某向钱某借款 10 万元，借款期限为 1 年，张某作为保证人，约定张某承担保证责任直到刘某向钱某还清本息为止。张某的保证责任期间是多长？

律师：根据《担保法》的相关规定，合同约定了张某的保证期限是直到刘某向钱某还清本息为止，那么该约定视为约定不明，张某的保证期间为主债务履行期届满之日起 2 年。

律师建议：

我国《担保法解释》第三十二条规定，保证合同约定保

证人承担保证责任直至主债务本息还清时为止等类似内容的,视为约定不明,保证期间为主债务履行期届满之日起二年。建议在订立合同时,所有关于时间界限的内容应当以明确的时间日期体现,这样就可以避免类似法律上认定的"约定不明"情形的出现。

参考法条:

《最高人民法院关于适用〈中华人民共和国担保法〉若干问题的解释》

第三十二条 保证合同约定的保证期间早于或者等于主债务履行期限的,视为没有约定,保证期间为主债务履行期届满之日起六个月。

保证合同约定保证人承担保证责任直至主债务本息还清时为止等类似内容的,视为约定不明,保证期间为主债务履行期届满之日起二年。

26.限定继承有原则,权利义务要对应

案例:范某爷爷去世了,范某是爷爷唯一的继承人,遗产为现金50万元。现在有个人拿着借条找上门来,称范某

爷爷欠其 100 万元,范某是否有还钱的义务?

律师:《继承法》中有一个"限定继承"的原则,是指继承遗产时应先清偿被继承人依法应当缴纳的税款和债务,缴纳税款和清偿债务以被继承人的遗产实际价值为限。据此,如该欠款确实存在的话,范某仅应当偿还因继承而获得的 50 万元内的债务,超过 50 万元的部分,除非范某自愿,否则别人无权要求范某偿还。

律师建议:

法律上规定,继承不只包括继承积极遗产,还包括继承消极遗产,即债务、缴税等。就继承的消极遗产而言,应当以遗产的实际金额为限,超过部分除非自愿可以不予偿还。这充分体现了法律的权利和义务是一一对应的。

参考法条:

《继承法》第三十三条　继承遗产应当清偿被继承人依法应当缴纳的税款和债务,缴纳税款和清偿债务以他的遗产实际价值为限。超过遗产实际价值部分,继承人自愿偿还的不在此限。继承人放弃继承的,对被继承人依法应当缴纳的税款和债务可以不负偿还责任。

27.信用卡出借有风险,一不小心变诈骗

案例:王某将信用卡出借给其朋友朱某使用,形成了 12 万元的逾期账单。朱某现在失联了,银行多次催收。王某该怎么办?

律师:王某应当尽快将所欠债务缴还银行。如信用卡仍在朱某手中,应同时将信用卡报停或冻结。如有证据证明信用卡的支出为朱某使用的话,可在缴还银行所欠账务后,另行起诉。

律师建议:

在司法实践中,有较多这样的例子。朋友之间因面子的原因或关系很近,在借钱时将信用卡交付他人使用。在这种情况下,信用卡登记人仍应当为持有人所发生的账单承担缴付责任。银行对逾期账单在经过两次以上的有效催收后,仍未收到款项时,可以以信用卡诈骗罪来追究信用卡登记人的责任。信用卡登记方如无法证明其自身不存在过错的,就会因此而承担刑事责任及民事还款责任。所以,对于信用卡的出借应当慎之又慎,因为它不仅仅涉及民事责任,同样

也存在刑事的风险。

参考法条：

《刑法》第一百九十六条　【信用卡诈骗罪、盗窃罪】有下列情形之一，进行信用卡诈骗活动，数额较大的，处五年以下有期徒刑或者拘役，并处二万元以上二十万元以下罚金；数额巨大或者有其他严重情节的，处五年以上十年以下有期徒刑，并处五万元以上五十万元以下罚金；数额特别巨大或者有其他特别严重情节的，处十年以上有期徒刑或者无期徒刑，并处五万元以上五十万元以下罚金或者没收财产：(一)使用伪造的信用卡，或者使用以虚假的身份证明骗领的信用卡的；(二)使用作废的信用卡的；(三)冒用他人信用卡的；(四)恶意透支的。

前款所称恶意透支，是指持卡人以非法占有为目的，超过规定限额或者规定期限透支，并且经发卡银行催收后仍不归还的行为。

拓展法条：

最高人民检察院公安部《关于公安机关管辖的刑事案件立案追诉标准的规定(二)》第五十四条。

28、贪小便宜吃大亏,借名他人不可取

案例:陈某是一名学生,去年4月份,有人借用陈某很及多同学的名字办理了校园分期业务,每办理一笔,便给予100块钱的好处费。每月的分期由实际借款人偿还。现在借款人不还款了,银行对陈某及其同学多次催收,他们应该怎么办?

律师:首先陈某及其同学应当立刻报警,实际借款人的行为已经涉嫌诈骗,同时陈某及其同学也应当立即将所欠金额向银行补足,避免自身被银行以诈骗罪追究责任。保存好相关证据,在公安机关抓获犯罪嫌疑人后,陈某及其同学仍可就损失向犯罪嫌疑人主张权利。

律师建议:

现在大学校园中有很多分期付款购物的优惠活动,如分期购买手机、网上分期贷业务等。很多业务的办理都是要求以先行开办信用卡为基础的,一些犯罪分子利用大学生没有经济来源,涉世不深却希望高消费的心理,甚至一些不正规的企业利用刚入职的大学生身份,以大学生的名义办

理消费分期、贷款、信用卡等业务,承诺一些看似诱人的返利,学生们往往轻易上当。建议大学生们能够保护好自己的个人信息,不要轻信天上能够掉馅饼这种事,切忌因为贪一时的小利,而承受高额的债务,甚至触犯法律。

参考法条:

《刑法》第二百六十六条 【诈骗罪】诈骗公私财物,数额较大的,处三年以下有期徒刑、拘役或者管制,并处或者单处罚金;数额巨大或者有其他严重情节的,处三年以上十年以下有期徒刑,并处罚金;数额特别巨大或者有其他特别严重情节的,处十年以上有期徒刑或者无期徒刑,并处罚金或者没收财产。本法另有规定的,依照规定。

29.管辖法院提前约,省时省力又省钱

案例:张某欠宋某50万元,约定去年年底向宋某还清。现在分文未付,宋某应该去哪个法院起诉?

律师:我国法律规定,法院对于受案的管辖,以双方的约定为主。双方没有约定的,以被告住所地或经常居住地为主。如该项借款为简单的借贷纠纷,可以以现金的出借地或

转账银行所在地法院为受案法院。那么如果是因合同关系造成的欠款,合同没有明确约定的,以合同的签订地、合同的主要履行地、被告住所地都可。

律师建议:

在一般的民间借贷中,建议留存债务人的身份证或工商登记信息复印件,这对于确认法院的管辖有着直接的意义。对于大额的借款,建议以合同的形式进行确认,并在合同中约定管辖法院。没有约定的,保留对方的住所信息和出借地址的证据。一般情况下,选择被告所在地的法院立案。故此,管辖法院的提前约定有助于当事人在后期追讨时,节省时间以及省去因约定不明而产生的不必要的交通费等其他额外成本。

参考法条:

《民事诉讼法》第二十一条 对公民提起的民事诉讼,由被告住所地人民法院管辖;被告住所地与经常居住地不一致的,由经常居住地人民法院管辖。同一诉讼的几个被告住所地、经常居住地在两个以上人民法院辖区的,各该人民法院都有管辖权。

拓展法条：

《民事诉讼法》第三十四条、第三十五条。

30.下落不明怎么办,公告缺席可裁判

案例：2010 年通过朋友介绍，高某向陈某借款 210 万元,约定 2013 年全部还完。到期后经陈某多次催要,高某于 2014 年还款 30 万元,2015 年还款 85 万元。后来高某失联。去高某家中寻找,其家中告知,他们也无法联系。面对这种情况,陈某想起诉,该怎么办？

律师：首先应当按照借款合同或借条中约定的地点进行起诉。如双方对管辖没有约定的,可以在出借地或者高某住所地即身份证登记地址,向有管辖权的法院起诉。如遇到法院无法送达的情况时,可以申请法院以公告送达的方式处理。在经过公告送达后,高某仍不到庭的,法院可以缺席审理。

律师建议：

首先我们建议在大额的借贷中,应当书面约定管辖法院以及相关文件的送达地址。其次在对方无法联系的情形

下,因传票需要送达当事人,可以采取邮寄送达、留置送达、公告送达的方式。如果有对方的详细地址,且对方具备签收条件的,邮寄送达最为快捷。确定对方在场但拒绝签收的,可以采取留置送达的方式。在无法确定对方实际地址的情况下,只能采取公告送达的方式,但前提是有对方具体的个人信息,比如身份证号等。如果对方有失踪的嫌疑,作为债权人可以通过法定程序申请宣告对方失踪或死亡,同时可要求对方的财产代管人在其代管的债务人财产内支付所欠的款项。

参考法条:

《民事诉讼法》第九十二条　受送达人下落不明,或者用本节规定的其他方式无法送达的,公告送达。自发出公告之日起,经过六十日,即视为送达。

拓展法条:

《民法总则》第四十条、第四十一条《民事诉讼法》第八十五条。

Lawyer

康建宏

扫码关注律师公众号

康建宏律师

山西华闻律师事务所金融业务部主任。
太原仲裁委员会仲裁员、注册拍卖师。
敬业好学、执着为民。热心公益、公正于心。

律师热线：13934206034

在法律规则下，

守本心、奉爱心，

尊道敬业。

——康建宏

5

康建宏律师

未成年人法律知识问答

一、什么是未成年人

"未成年人"这一概念从法律上说它是以年龄的划分为标准的,根据《中华人民共和国未成年人保护法》第二条的规定,"未成年人是指未满十八周岁的公民"。

二、"未成年人"与"少年""青少年"一样吗

"少年",是指已满 14 周岁、不满 18 周岁的未成年人,是未成年人中特定的一个年龄段。"青少年"是一个笼统的、习惯性的称呼,既包括成年人,又包括未成年人,它不是法律上的概念。因此,在日常生活中,当别人称你为未成年人、少年或青少年时都不算错。但是在适用法律时,我们的提法都是用"未成年人"。

三、什么是民事行为能力

民事行为能力是指民事主体能以自己的行为取得民事权利、承担民事义务的资格。简言之,民事行为能力为民事主体享有民事权利、承担民事义务提供了现实性。

民事行为能力,简称"行为能力"。能够以自己的行为依

法行使权利和承担义务,从而使法律关系发生、变更或消灭的资格。自然人的行为能力分三种情况:完全行为能力、限制行为能力、无行为能力。

四、民事行为能力是如何界定的

根据我国《民法总则》第十七条规定,"十八周岁以上的自然人为成年人。不满十八周岁的自然人为未成年人。"第十八条规定,"成年人为完全民事行为能力人,可以独立实施民事法律行为"。

"十六周岁以上的未成年人,以自己的劳动收入为主要生活来源的,视为完全民事行为能力人。"

第十九条规定,"八周岁以上的未成年人为限制民事行为能力人,实施民事法律行为由其法定代理人代理或者经其法定代理人同意、追认,但是可以独立实施纯获利益的民事法律行为或者与其年龄、智力相适应的民事法律行为"。第二十条规定,"不满八周岁的未成年人为无民事行为能力人,由其法定代理人代理实施民事法律行为"。

这就是说,不满八周岁的未成年人是自己不能实施民事行为的;八周岁以上的未成年人可以实施部分民事行为。

案例：

小琴是某中学学生,15岁。一天在放学回家的路上,小琴看到商场正在进行有奖销售,每消费20元可领取奖券一张,最高奖金额为5000元,便买了一瓶价值为20元的洗发水,领到一张奖券。几天后,抽奖结果公布,小琴所持奖券中了最高奖,小琴非常高兴,将中奖的消息告诉了母亲,母女二人马上去商场兑了奖,母亲把这5000元钱放到家里的柜子中。

第二天,小琴与母亲发生争执,小琴一气之下,便偷偷将柜子中的5000元钱拿出,到商场中购物消气,其见到商场中正在促销钻戒,便花了4800元买了一只钻戒。几天后,母亲要购买股票,想用柜中的钱,却发现柜中的钱已不见,于是质问小琴,小琴在质问之下说出真相。但小琴认为钱是自己中奖所得,自己有权决定想买什么就买什么。母亲则认为小琴还小,钱应当由自己和小琴的父亲支配。于是马上拉着小琴到商场,说小琴购买钻戒未征得父母同意,要求退货。售货员称钻戒售出无法退货。

问题:

1.小琴购买洗发水的行为法律效力如何？奖金究竟属谁所有？为什么？

2. 小琴购买钻戒的行为法律效力如何？母亲能否要求退货？为什么？

3.母亲是否有权将此笔钱用于购买股票？请说明理由。

4.假设小琴没有告诉母亲，直接到商场领奖，商场能否以小琴是未成年人拒绝兑奖？

律师分析:

十六周岁以上的未成年人，以自己的劳动收入为主要生活来源的,视为完全民事行为能力人；八周岁以上的未成年人为限制民事行为能力人，实施民事法律行为由其法定代理人代理或者经其法定代理人同意、追认,但是可以独立实施纯获利益的民事法律行为或者与其年龄、智力相适应的民事法律行为。本案中小琴15周岁,属于限制民事行为能力人,只有从事与其年龄相符的民事行为,否则须得到其监护人的追认才具有效力。

1.其购买洗发水的具体法律效力,因数额较小,与其年龄相符。奖金应归小琴所有,因得到奖金属于纯获利益的合同。

2.购买钻戒的行为与其年龄不符,因数额较大,须得到其监护人的追认才具有法律效力,母亲当然可以要求退货。

3.母亲作为监护人对此笔钱有管理权利,但应保证不使资金受到损失。

4.商场不应以小琴未成年为由拒绝兑奖,因这种限制民事行为能力人纯获利益的行为不须监护人的追认即为有效。

五、什么是刑事责任能力

刑事责任能力指行为人构成犯罪和承担刑事责任所必须具备的刑法意义上辨认和控制自己行为的能力。不具备刑事责任能力者即使实施了危害社会的行为,也不能成为犯罪主体,不能被追究刑事责任;刑事责任能力减弱者,其刑事责任相应地适当减轻。对于一般公民来说,只要达到一定的年龄,生理和智力发育正常,就具有相应的辨认和控制自己行为的能力,从而具有刑事责任能力。但有的人因患病等原因会丧失或减弱刑事责任能力。

六、刑事责任能力怎样划分

按照我国《刑法》第十七条的规定，"已满十六周岁的人犯罪，应当负刑事责任"。

"已满十四周岁不满十六周岁的人，犯故意杀人、故意伤害致人重伤或者死亡、强奸、抢劫、贩卖毒品、放火、爆炸、投毒罪的，应当负刑事责任。

"已满十四周岁不满十八周岁的人犯罪，应当从轻或者减轻处罚。

"因不满十六周岁不予刑事处罚的，责令他的家长或者监护人加以管教；在必要的时候，也可以由政府收容教养。"这就是说，不满14周岁，是完全不负刑事责任年龄阶段。一般地说，不满14周岁的人尚处于幼年时期，还不具备辨认和控制自己行为的能力，即不具备责任能力。因此法律规定，对不满14周岁的人所实施的危害社会的行为，概不追究刑事责任；但必要时可依法责令其家长或监护人加以管教，也可视需要对接近14周岁，如12~13周岁的人由政府收容教养；而已满14周岁不满16周岁，是相对负刑事责任年龄阶段,也称相对无刑事责任阶段。达到这个年龄阶段的人,已经具备了一定的辨别大是大非和控制自己重大行为的能力,即对某些严重危害社会的行为具备一定的辨认和控制能力。因此,法律要求他们对自己实施的严重危害社会的行为即"故意杀人、故意伤害致人重伤或者死亡、强奸、抢劫、贩卖毒品、放火、爆炸、投毒罪"负刑事责任;至于已满16周岁的人就进入了完全负刑事责任年龄阶段。由于满16周岁的未成年人的体力和智力已有相当的发展,具有一定的社会知识,是非观念和法制观念的增长已经达到一定的程度,一般已能够根据国家法律和社会道德规范的要求来约束自己,因而他们已经具备了基本的刑法意义上辨认和控制自己行为的能力。因此,我国刑法认定已满16周岁的人可以构成刑法中所有的犯罪,要求他们对自己实施的刑法所禁止的一切危害行为负担刑事责任。

案例1:

魏X峰,男,15岁。魏X峰因伙同他人抢劫于某年3月被公安局收容审查。同年4月,魏从看守所挖洞逃跑,同年11月被抓获并被逮捕。

问题:

对魏 X 峰的行为应如何定罪处罚?

律师分析:

对魏 X 峰的行为应以抢劫罪一罪依法从轻或者减轻处罚,且不得适用死刑。理由是:我国刑法规定,已满 14 周岁不满 16 周岁的人,犯故意杀人、故意伤害致人重伤或者死亡,或强奸、抢劫、贩卖毒品、放火、爆炸、投毒罪的,应当负刑事责任。同时规定,已满 14 周岁不满 18 周岁的人犯罪,应当从轻或者减轻处罚;对犯罪时不满 18 周岁的人,不适用死刑。本案中,魏 X 峰实施了抢劫和脱逃两个行为,根据法律规定,他对脱逃行为不负刑事责任,法院应以抢劫罪一罪定罪。在量刑时,不能对其适用死刑,并应依法从轻或者减轻处罚。

案例 2:

贾某,男,生于 1995 年 1 月 13 日,某中学初中一年级学生。2008 年 1 月 20 日,正值学校放寒假,见本班女同学某甲独身一人在教室,遂起歹念,将其骗至无人处进行猥亵,某甲进行反抗,并说要告诉老师。贾某害怕事情被老师知道,遂用砖头猛击某甲的头部,致某甲颅内出血,当场死亡。

问题:贾某故意杀人行为是否应当负刑事责任?

律师分析:

本案中,行为人贾某生于 1995 年 1 月 13 日,其行为时为 2008 年 1 月 20 日,行为时贾某才满 13 周岁,属于完全不负刑事责任年龄阶段。因此,贾某故意杀人的行为不负刑事责任,但应当责令他的家长或者监护人加以管教,也可以由政府收容教养。

七、生活中有哪些是常见的未成年人的违法行为

我们通常所讲的未成年人的违法行为,主要指《中华人民共和国预防未成年人犯罪法》中所规定的严重危害社会、尚不够刑事处罚的严重不良行为,即:纠集他人结伙滋事,扰乱治安;携带管制刀具,屡教不改;多次拦截殴打他人或者强行索要他人财物;传播淫秽的读物或者音像制品等;多次偷窃;参与赌博,屡教不改;吸食、注射毒品;其他严重危害社会的行为。

案例 1：

16 岁的成成是体育学校学生,他对学习不是很感兴趣,经常和朋友出入网吧和游戏厅,逐渐发展到旷课逃学。5 月的一天,他们在一家游戏厅玩,由于没有钱买游戏币,决定去"抢点钱"。这时, 一个衣着光鲜的少年进入他们的视线,在讨要不成后对其拳脚相加,最后将其衣兜里的钱全部抢走。

律师分析：

旷课是未成年人不良行为的一种。根据有关部门的调查统计,在查获的未成年犯中,一般在 10 到 12 岁即染有各种不良行为,13 到 14 岁走上犯罪道路,14 到 17 岁出现违法犯罪的高峰。尽管学生旷课的原因多种多样,但一些学生养成不良习惯,形成严重不良行为,甚至走上犯罪道路,往往都从旷课开始。旷课是学生走下坡路的重要信号,应当引起足够的重视。

案例 2：

因为和大声斥责自己的父母争论了几句,16 岁的小朱一气之下,闷头冲出家门,整晚没回家。一周后,警察找上门来,小朱在夜不归宿的那天抢劫了 6 名学生。原来,小朱离家出走之后在网吧里通宵上网,但又没有钱,于是他就把手伸向了同学。

律师分析:

不少例子表明,没有确切原因的夜不归宿,是临近或正在实施违法犯罪行为的重要征兆之一。据调查,在 100 个未成年犯中,绝大多数犯罪行为是利用夜晚的时间完成的,而且不少违法行为实施后,他们都没回家。未成年人身心发育尚不成熟,缺乏生活经验和辨别是非的能力,擅自外出并夜不归宿,一旦发生问题,由于得不到及时有效的监护,就很容易受到外界的侵害。

案例 3:

暑假时,三名高中男生在一起玩耍,又找了一家小饭馆吃饭喝酒。等吃完晚饭已经夜里 11 点多,没有公共汽车了,可他们身上的钱又不够打出租车。怎么办呢?借着酒精的作用,有人提议:"干脆截辆出租车回家,不给司机钱。"其余两人随声附和,还提出可以跟司机"要点儿钱"。于是三人打了一辆出租车到僻静处,抢了司机的 400 元钱。但却被巡警发现,三人当场被抓。

律师分析：

在未成年人犯罪中，近 30％的群殴、抢劫、强奸都与酗酒有关，很多未成年人在犯罪之前还喝酒壮胆。另外，近 50％的未成年人犯罪是酒精直接诱发的。教育和帮助未成年人远离酗酒是全社会的责任，家长要转变对这种行为的宽容态度，把孩子的兴趣转移到健康的活动上。同时，自己要以身作则，减少社会不良风气对学生的影响。

案例 4：

小华今年 16 岁，父母忙于生计，对他从小就缺乏教育。12 岁那年，读完小学的小华便辍学在家，开始了流浪生活。在社会上游荡的小华被贩毒分子盯上了。为了引诱他贩毒，他们居然采用欺骗手段，让小华染上毒瘾。为了能卖"烟"，小华不得不为毒贩子跑腿"送东西"。在一次送货途中，小华被公安民警当场抓获。

律师分析：

尽管加强禁毒教育、重视对青少年的心理辅导等都能帮孩子远离毒品，但众多的教训告诉我们，帮助孩子终生远离毒品的最好方法，是父母给孩子一个温馨的家，营造和谐的家庭氛围,培养孩子良好的品德和行为习惯,而且要从小抓起,对孩子的不良行为要及时预防和矫治。

案例5:

15岁的小魏因犯故意伤害罪被判刑,交友不慎导致他走上了邪路。据小魏自述,他在同学的生日宴会上认识了出手大方的王哥,王哥经常请他去餐馆吃喝,带他去电子游戏厅玩游戏机。工作繁忙的父母没时间陪他,王哥成了小魏的好朋友和崇拜偶像。一天,王哥突然对小魏说:"有一个小子总跟我过不去,我不便出面,你替我教训教训他,反正他也不认识你。"被王哥这么一蛊惑,原本老实听话的小魏手拿木棒,朝那个人的头上猛击一棒,导致其头部受了重伤。

律师分析:

青少年处于成长阶段,心理极不稳定,他们大多活泼、好动,希望被人关爱、理解,一旦他们这些需求不能在家庭和学校得到满足时,就会到社会上去寻求。鉴于青春期少年的这些特点,家长一定要关注孩子的交友情况,要了解自己的孩子喜欢和什么样的人在一起,这些人的品行怎样、家教如何、有无不良嗜好等。对于孩子在社会上交友,更要保持高度警惕,一旦发现不良的苗头,就要及时制止,以免铸成大错。

案例 6:

女孩叶子是初二学生,家庭经济状况不错。可是,在家里表现很乖的叶子,在学校却有时跟一个 13 岁的男孩一起向比他们更小的学生索要零花钱,如果不给就动手打人。叶子的父母只当是孩子之间的游戏,对叶子训斥几句,叶子撒谎说钱是借的,过两天就还。就这样,叶子依然我行我素。有一次,叶子又和一个男生向另外一个男孩要钱,搜到钥匙后竟然跑到人家家中拿走 2000 元。因为此事,叶子被法院以抢劫罪判处有期徒刑缓刑。

律师分析:

强拿硬要是校园暴力的一种表现,多年来一直比较突出。一般因为钱物不多,也就是批评、训斥几句,把钱物退还了事。因为这种现象比较常见,又没有受到应有的惩罚,所以实施这种行为的少年也不认为这是多么严重的问题。但等到他们养成了习惯,胆子大起来,索要的钱财多了,也就一脚踏入了犯罪的泥潭。其中不乏一些学习好的学生。因此,家长对孩子之间的索要钱物行为,绝不能忽视、麻痹和

放纵,一定要教育子女"勿以恶小而为之"。

案例 7:

上高一的小宝学习用功,也挺懂事。一天放学回来,小宝带回一个随身听。小宝对爸爸说:"这是我在一个食品店买汽水时在地上捡到的。"爸爸看到随身听有八成新,还是名牌,贪小便宜的爸爸再没问什么。一天傍晚,家里突然来了两个警察,将小宝和父母传唤到派出所,并对小宝的父亲说:"你的儿子涉嫌盗窃,依法决定对他刑事拘留。"原来,小宝买东西时,趁没人时将店主放在椅子上价值 3000 元的随身听偷走了。

律师分析:

因贪小便宜触犯法律的很多,一些孩子走到这一步,与其父母的影响有关。我接触了那么多少年犯,竟然发现每 14 个偷拿他人财物、犯盗窃罪的少年中,有 13 个的家长崇尚金钱、贪小便宜、斤斤计较。作为父母,一定要防微杜渐,让孩子从小养成不贪小便宜的良好习惯。

案例 8:

17 岁的佳佳在假期结识了一些社会上的不良分子,并在他们的诱惑下多次参与赌博,还欠下 500 多元赌债。为了偿还赌债,佳佳多次持刀,强行劫取小学生的财物。人民法院认定佳佳犯了抢劫罪,依法判处有期徒刑。

律师分析:

中学生赌博有百害而无一利。一方面大量占用学习和休息时间,影响学习成绩和身体健康。另一方面也让未成年人产生贪欲。同时,赌博一上瘾,一旦形成习惯就难以改正,所以赌博是少年违法犯罪的一个重要诱发因素。未成年人由于争强好胜的心理比较强烈,在许多事情上喜欢占上风;又由于社会经验少,情绪容易冲动,所以往往容易受到引诱和怂恿而参加赌博,一旦学会方法尝到刺激就可能形成赌瘾,成为参加赌博活动的常客。而父母远离赌博则是教育子女的最好方式。

案例 9:

中学生小林趁邻居家没人,连续几次翻墙入院撬门盗窃,偷走邻居的现金 5000 余元,最后法院以盗窃罪判处小林有期徒刑。开庭审理前,法官召来被告人的母亲谈话,想了解被告人犯罪的原因。这位母亲说,小林从小时候起就经

常偷偷从家里拿钱,少则几十元,多则数百元。

律师分析:

　　偷拿家中钱财虽然属于个别现象,但也不能够放任不管,否则家贼就发展成了盗窃犯。一家儿童心理咨询门诊的资料显示,44 名有不同程度"偷窃"行为的孩子中,6.8%是在四五岁时拿家里的钱,63.7%发生在小学阶段,29.5%是12 岁以后才有"偷窃"行为。

八、对具有违法行为的未成年人应当如何处理呢?

　　对违法行为较轻的未成年人,一般由其父母或者其监护人和学校相互配合,采取措施严加管教,也可以送工读学校进行矫治和接受教育。如果未成年人具有上述违法行为,且构成违反治安管理行为的,由公安机关依法予以治安处罚,因不满14 周岁或者情节特别轻微免予处罚的,可以予以训诫。

九、未成年人的隐私包括哪些内容?

　　隐私权是随着生命的诞生而诞生,随着生命的结束而结束,隐私是与生命有关的个人私事,范围很广。学生的通信、日记、身体隐疾及家庭情况等都属于隐私。另外,学生的情绪、情感变化,小发明、小实验、肖像等也都属于隐私之列。有时有必要将学生的奖惩、生理特点、心理变化、生活习惯、学习方法、学习成绩等作为隐私加以保护。

在现实生活中,要保护未成年人的权利与义务,使孩子们的身心都能够健康成长,未成年人的隐私权问题也应受到关注。既承认未成年人的隐私权,又履行学校、家庭对未成年人的教育权和监护权。

十、未成年人如何面对网络消费

随着互联网时代的高速发展,网络消费逐渐成为人们日常消费的重要方式。近年来,未成年人也加入了网络消费大军,在网络中擅自进行大额消费,内容涉及网络游戏、网络直播和网购等,由此引发了一系列网络消费纠纷。

案例1:

熊孩子充值一万多买游戏装备怕家长发现删掉支付记录。

最近佛山南海的黄小姐发现银行卡里的一万多元不见了,查了下银行流水账单发现在8月至11月期间,多次出现网络支付交易记录，金额从最初的 10 元递增到 3000 多元，手机里却没有任何交易信息，原来孩子趁妈妈睡觉的时候直接扫付款码为一款射击类网页游戏充值，并且删掉了付款记录。

案例 2：

16 岁女孩打赏男主播 65 万元，母亲起诉映客要求退钱败诉

16 岁女儿小雅在加拿大留学期间迷上映客直播，3 个月内打赏男主播花掉 65 万余元，母亲刘女士以女儿名义起诉映客直播要求退钱，但一审败诉。法院认为，虽然刘女士称映客号是女儿偷偷以其名义开设，并通过其名下的微信、支付宝私自消费，但证据不足以证明小雅是在刘女士不知情的情况下私自登录并充值消费。

律师分析：

首先，将消费者行为能力的审核义务归结于网络商家，没有现实意义。虽然我国《民法总则》明确规定了未成年人民事法律行为的效力，但网络消费的交易方式与传统实体店交易有着显著的不同，网络商家与用户并非面对面交易，而是以虚拟的网络为依托，网络商家无法充分了解交易相对方年龄、智力等信息，也无法对这些信息进行实质性的审查。网络交易的成功需借助第三方支付平台完成支付消费；第三方支付平台通过身份证实名制认证了消费者的信息，如果在该认证过程中支付账户系成年人账户，且支付行为均通过了密码输入验证，对于网络商家来说，即有合理理由认定该消费者为成年用户。网络支付完成后，银行亦会向用户发送余额变动短信通知，即向用户做出了消费行为的再次确认。故将消费者行为能力的审核义务归结于网络商家，没有现实意义。

其次，未成年人出现网络消费纠纷后，未成年人家长在维权实务中，往往由于无法提供强有力的证据证明其主张，故大多数情况下都会因举证不能而败诉。

我国《民事诉讼法》第六十四条规定：当事人对自己提出的主张，有责任提供证据。《最高人民法院关于民事诉讼证据的若干规定》第二条规定：当事人对自己提出的诉讼请求所依据的事实或者反驳对方诉讼请求所依据的事实有责任提供证据加以证明；没有证据或者证据不足以证明当事人的事实主张的,由负有举证责任的当事人承担不利后果。即家长如果主张网络交易系未成年人所为,该网络消费无法律效力,家长就要对上述主张承担举证责任。按照网络支付"私人密码使用即为本人行为原则",家长需举证证明未成年人进行网络消费时是隐瞒家长盗用家长账号进行的,并且还需举证证明,结合当地经济水平和日常生活习惯,该笔消费行为超出了未成年人的正常认知范围。而在法律诉讼中,家长往往很难提出强有力的证据证明上述事实。并且如前所述,大多数网络支付行为中,银行均会向用户发送余额变动提醒,如家长收到短信提醒后并未提出质疑,亦可视为家长认可该消费行为。

综上所述,网络消费支付行为是一种特殊的电子买卖合同,我国《合同法》的立法宗旨是保护交易合法有序进行。互联网购物消费有着成本低廉、方便快捷等优点,不受时间和空间的限制,越来越多的日常生活离不开互联网消费。在未成年人网络消费纠纷中,对于有合理证据能够证明该消费行为是未成年人超出其认知范围独立完成的,如果该消费行为事后未得到其监护人的追认,就应当认定该消费行为无效，网络商家应返还相应款项。如果无有效证据证明未成年人独立消费的主张，该消费行为应依法认定为有效的民事法律行为。现实网购中，亦存在当购买方不满意时，就会向商家主张系未成年人交易为由，要求商家退还款项，这种滥用权利的行为会将网络交易置于不安全、不确定的境地。社会与法律给予未成年人的保护应当是理性的，保护的意义在于帮助未成年人树立正确的消费观、价值观以及人生观，而不是一味地以"未成年人"的身份破坏法律面前人人平等的法治基本原则。

我国法律规定监护人对未成年人有教育和监督的义务，监护人未尽到监护义务的应承担相应的民事法律责任。未成年人心智不够成熟，一定程度上缺乏辨别是非的能力与掌握把控能力，监护人应切实履行教育、引导、监督的职责，充分尽到监护义务，陪伴未成年人健康成长。未成年人进行网络消费时，监护人有义务引导、教育未成年人树立正确的消费观念，支付宝、网银账户关系到切身财产权利，家长在日常生活中应当妥善保管，不应随意告知未成年人相关信息。社会与法律应构建公平公正的保护体系，但不可否认的是，家庭教育永远是保护未成年人合法权益的第一道防线，监护人永远是未成年人健康成长的守护者和第一责任人，监护人不应推卸自己的监护责任，而是应与学校教育、与法律规范共同携手构建有利于未成年人健康成长的社会环境。

十一、未成年人在网络交往中应当注意什么

(1) 要正确认识网络的两面性，用其所长，避其所短，发挥网络交往对生活的积极作用。

(2) 提高安全防范意识。网络交往对象看不见、摸不着。我们必须提高自己的安全防范意识，不轻易泄漏个人资料，不随意答应网友的要求。现实生活中的问题，尽可能找熟悉的朋友或师长解决，不要仅仅依赖网友来满足自己的情感需求，以免上当受骗。

(3)提高辨别觉察能力。网络信息良莠不齐，个别不法分子利用网络实施违法犯罪活动。作为网络游客，只有不断提高自己的辨别觉察能力，提高自己的抗诱惑能力，才能保护自己。

在网络交往中青少年要遵守《网络文明公约》，做到文

明健康上网,利用网络,广交朋友。增强自我保护意识,不轻易泄露个人资料,不随意答应网友的要求。

十二、未成年人上网应当遵循什么原则

遵守网络规则、网络道德,做到文明上网,不浏览色情网页,不沉溺网络游戏;遵守法律,做到不传播流言,不恶意攻击他人,不进行诈骗活动,不泄露国家秘密;登录绿色网站,远离黑网吧。

十三、未成年人如何正确对待网络

(1) 充分利用网络优势帮助学习,提高自身素质。

(2) 要科学合理地安排时间,不影响正常的学习和生活。

(3) 要正确选择网上信息,自觉过滤不良信息的影响。

(4) 不进营业性网吧,可在家中或学校上网。

(5) 遵守网络道德,遵守纪律和法律。

十四、未成年人怎样克服网瘾

(1) 提高自我约束能力,树立远大的理想,培养社会责任感。

(2)努力在现实中创造成功的记录,培养自尊心与自信心。

(3)培养广泛的兴趣和爱好,多和外界接触,充实生活内容,积极参加社会实践。

(4)多与父母和老师谈心,在生活和学习上得到他们的帮助和指点,必要时要接受心理治疗。

(5)以健康的心态对待网络。

十五、未成年人网络犯罪

案例1:

深陷色情诱惑不能自拔,多次猥亵幼童终被逮捕。

17岁的许X初中毕业后一直赋闲在家。由于无所事事,他整日沉迷于虚幻的网络世界中,网上的一些色情图片、信息,让他深陷其中不能自拔。渐渐地,许X觉得光是看图片、信息已经不能满足他的好奇欲望,他想亲身尝试一番。

今年3月30日上午,许X在离家不远的一个胡同内,看到6岁的女孩王某正在玩耍,他顿生邪念。于是,他上前抱起王某,躲进胡同一角,对其进行猥亵。之后许X给了王某几块糖,并告诉她不许声张。事后,王某的家人发现了孩子的变化,遂报警。警方很快将许X抓获归案。

经讯问,许X还交代自己曾于去年8月至10月间,先后两次在其住地附近对幼女孙某进行猥亵。近日,许强因涉嫌猥亵儿童罪被检察机关依法批准逮捕。

律师分析:

网络色情犯罪虽然没有凶杀案那样血腥,但造成的社会影响是极其恶劣的。尤其是对于青少年,他们的心理发育尚未成熟,对不良信息的辨别和抵御能力比较差,一旦沾染色情信息这种精神鸦片,后果不堪设想。

案例2:

情敌网上互骂引发争执,聚众打架伤人遭到惩处。

去年8月,不满18岁的李X与女友刘X的前男友潘X在互联网上聊天时发生争执。两人先是在网上相互谩骂,后又通过电话互骂,最终决定在网下见面解决争执。随后,李X和潘X各纠集了5人,来到东丽区某中学门口。

见面后,潘X等人持刀对李X等人实施殴打,致使李X等人不同程度受伤。经鉴定,李X等5人的伤情均为轻伤。法院分别以聚众斗殴罪判处潘X等人有期徒刑六个月至五年。

律师分析:

网络中,未成年人可以自由地上网聊天、玩暴力游戏、看暴力电影等。长期接触暴力信息会给未成年人的身心健康造成不良影响,由于身心发育尚不成熟,青少年容易将网络中的不满情绪带到现实中来,盲目模仿搏杀、格斗等暴力情节,导致行为偏激,使本可以化解的矛盾不断升级,加之缺乏正确的引导,最终走上犯罪的歧途。这些犯罪的未成年人既是害人者,又是受害者。

案例 3:

少年开锁连盗 6 户居民,作案工具全是网上购得。

今年 2 月 18 日中午,不满 18 岁的王 X 开车窜至河西区某社区,趁居民上班家中无人之机,利用购买的开锁工具将防盗门打开,先后进入 6 户人家实施盗窃,窃得笔记本电脑、数码相机、戒指、项链、现金等财物共计 35000 余元。作案后不久,王 X 就被警方抓获。审讯中,他供认作案用的开锁工具都是在网上购买的,作案时他按网上的使用说明开锁,不留任何蛛丝马迹,有的失主回家后竟然都没发现防盗门被撬过。如今,王 X 已被检察机关提起公诉。

律师分析：

随着科技的进步,网络的普及,网上购物给广大网民带来了极大的方便。网上各种物品琳琅满目,应有尽有,购买也极为便捷。同时,这种毫无限制和节制的购买方式,也给别有用心之人犯罪提供了方便。

案例 4:

优秀男孩在游戏中迷失,为上网伙同他人抢网友。

"我至今都后悔没有及早把孩子从网络游戏中拉回来。"作为一名未成年犯的家长,张先生十分激动,"我儿子今年刚刚 18 岁,3 年前因抢劫罪被判处有期徒刑 5 年。"

张 X,本来是一个很优秀的孩子,学习成绩始终名列前茅。上初二时,为了让张 X 更好地学习,张先生给他买了一台电脑,可张 X 却从此迷上了网络游戏,一回家便坐到电脑前玩个不停,学习成绩直线下降。

张 X 的变化并没有引起张先生的重视,直到初三快毕业时,张先生才知道儿子已经成了班上的落后生。张先生一怒之下将电脑砸了,但此时张 X 已经沉迷于网络游戏不能自拔。

家里不能上网,他就到网吧去玩。刚开始,他将自己的早点钱节省下来当作上网费,但时间久了,这点钱根本满足不了上网的开销。后来,在网吧结识的网友告诉张X,干脆去抢钱上网,张X根本没有思考便答应了。2005年,张X伙同他人抢劫网友,被法院判处有期徒刑5年。

张先生对此一直耿耿于怀。"当初,如果我及早发现儿子的异常,用正确的方法加以引导,孩子可能就不会走上犯罪的道路。"张先生在为儿子感到痛惜的同时,也希望有关部门提高重视程度,从源头上对网络世界进行治理,制定措施,堵塞漏洞,还孩子一个干净的网络世界。

律师分析:

部分未成年人过度沉迷于网络游戏,最终因无力支付网络游戏费用动起歪脑筋,铤而走险。一些长期"泡"在网吧里的未成年人,非常熟悉网吧甚至其中出入人员的情况,遂将网吧选为作案点,将出入人员作为犯罪实施对象。

6 法律提示 50 条

生活必知法律常识

行车记录仪能否让交警定责辅证？

开车在路上，最怕的就是遇到"碰瓷族"。如果碰到"碰瓷族"，能否利用行车记录仪进行维权呢？

律师提示：

我国 2013 年发布的《关于根据交通技术监控记录资料处理交通违法行为的指导意见》中规定，对群众拍摄记录并在违法行为发生之日起三日内举报的机动车闯红灯、违法占用专用车道行驶等违法行为，符合证据要求的，可作为违法信息录入公安交通管理综合应用平台。

路边停车被撞也要承担事故责任。

爱车临时停在路边，不料却被自行车撞上。如果发生这样的事情，机动车有责任吗？

律师提示：

根据我国现行的《中华人民共和国道路交通安全法》规定：在道路上临时停车的，不得妨碍其他车辆和行人通行。也就是说，车辆临时停靠，如果妨碍其他车辆和行人通行，当发生交通事故时，也将会承担相应的赔偿责任。

酒后代驾交通事故。

如今,"开车不喝酒,喝酒不开车"成为很多司机朋友们的共识。一些司机会选择酒后找代驾。如果在代驾过程中发生交通事故,责任由谁来承担呢?

律师提示:

如果是车主临时花钱雇人代驾,双方之间形成雇佣关系。当不慎发生交通事故,除了按照车主投保的险种由保险人承担保险责任外,超出的部分一般由车主负责。但是,如果代驾人因故意或者重大过失致人损害,应当承担连带赔偿责任。

交通事故报案期限是多久?

很多人会在交通事故发生的第一时间选择报警,但也有一部分人由于种种原因而事后报警。那么,交通事故报案期限是多久呢?

律师提示:

交通事故报警没有时间限制,但是建议尽快报警,时间长了会影响案件调查,交警部门也可以不受理。根据《道路

271

交通事故处理程序规定》第十二条规定:"当事人未在道路交通事故现场报警,事后请求公安机关交通管理部门处理的,公安机关交通管理部门应当按照本规定第十条的规定予以记录,并在三日内做出是否受理的决定。经核查道路交通事故事实存在的,公安机关交通管理部门应当受理,并告知当事人;经核查无法证明道路交通事故事实存在,或者不属于公安机关交通管理部门管辖的,应当书面告知当事人,并说明理由。"

车祸后救人还是保护现场?

当发生车祸后,是该先救人还是先保护现场呢?相信很多车主都有这样的疑问。

律师提示:

我国《道路交通安全法》第70条第1款明确规定:在道路上发生交通事故,车辆驾驶人应当立即停车,保护现场;造成人身伤亡的,车辆驾驶人应当立即抢救受伤人员,并迅速报告执勤的交通警察或者公安机关交通管理部门。因抢救受伤人员变动现场的,应当标明位置。所以说,致人受伤的交通事故，如当事人因保护现场而坐视伤者不管或放弃抢救，以致伤者伤情因延误治疗而加重，当事人将面临承担民事赔偿责任。

私家车跑专车发生事故，保险公司不赔。

如今，很多私家车主在闲暇时，都会跑专车来赚点外快。可一旦出了交通事故，保险公司会赔偿么？

律师提示：

私家车改为营运车辆，明显增加了车辆的行驶风险。根据《中华人民共和国保险法》第 52 条的规定，在合同有效期内，保险标的的危险程度显著增加的，被保险人应按照合同约定及时通知保险人。被保险人未履行通知义务的，因保险标的的危险程度显著增加而发生的保险事故，保险人不承担赔偿保险金的责任。因而，因危险程度增加而引发的保险事故，保险公司有权拒绝理赔。

酒后挪车，算酒驾吗？

我们常常说："开车不喝酒，喝酒不开车。"那么，挪车算不算酒驾呢？

律师提示：

根据我国《道路交通安全法》规定：只要驾驶员将车辆驶离原位，就可以认定有了驾驶行为。而只要驾驶员饮酒后在道路上有驾驶机动车的行为，即构成酒驾。"道路"是指公路、城市道路和虽在单位管辖范围但允许社会机动车通行的地方，包括广场、公共停车场等用于公众通行的场所。因此，只要在"道路"的范畴内，即便是酒后挪车也算酒驾。

未携带驾照开车是否属于无证驾驶？

没有考到驾照，不能开车上路。那么，开车时未携带驾驶证，算不算是无证驾驶呢？

律师提示：

对于有驾驶证却在行驶时没带的行为，不属于无证驾驶。"无证驾驶"的情况包括：未取得我国公安交通管理部门核发的机动车驾驶证；利用非法手段取得我国公安交通管理部门核发的机动车驾驶证；和在驾驶证被暂扣或被吊销期间仍驾驶机动车的。根据《道路交通安全法》第九十五条、第九十条的规定，对未随身携带驾驶证的驾驶人做出这样处理：无论驾驶人行驶中违法与否,均不允许驾驶人再驾驶车辆,公安机关交通管理部门应当扣留机动车, 通知驾驶人提供驾驶证。然后,根据驾驶人提供驾驶证的情况分别进行处理。

车位能不能进行买卖?

许多房主在出售自己房屋时, 会连车位一起卖出。那么,车位能不能进行买卖呢?

律师提示:

车位的买卖要看具体情况。如果是有产权的车位,也就是有"车位本儿"的车位,可以和房屋一起进行买卖交易。如果是仅有使用权的车位,是不能买卖的,可以进行使用权的变更。车位使用权变更一般是在物业交割时进行,涉及车位租赁合同签署或转交,合同到期后可以办理更名,部分小区可直接续费使用。

共享单车出事故谁赔?

扫码,开锁,自从共享单车进入我市以来,大家骑车出行变得更加方便。不过,如果因共享单车质量问题,骑行人不慎发生交通事故,责任由谁来担?

律师提示:

共享单车运营平台属于经营者,使用人是消费者,二者法律关系受到《消费者权益保护法》的调整与规范。《消费者权益保护法》第七条规定,消费者在购买、使用商品和接受服务时享有人身、财产安全不受损害的权利。消费者有权要求经营者提供的商品和服务符合保障人身、财产安全的要求。因此,消费者在使用共享单车的过程中,因车辆本身存在缺陷而给消费者造成人身伤害或财产损失时,消费者有权要求作为经营者的共享单车平台承担赔偿责任。

"隔夜醉驾"是否构成犯罪?

"喝酒不开车,开车不喝酒"的观念已深入人心,但仍有一些人心存侥幸。那么,前一晚醉酒第二天可以开车吗?

律师提示:

"隔夜醉驾"是否构成危险驾驶罪,关键在于对主观故意的认定。若证据表明行为人基于当时的身体状况、精神状态、客观条件,主观上知道或者应当知道自己处于醉酒状态,就应当认定其有醉驾的主观故意。事实上,人在醉酒后经过一定时间的休息,甚至隔夜休息后,体内的酒精含量仍然可能使饮酒者处于醉酒状态,因为血液酒精含量衰减有一个缓慢的过程。在此提醒广大驾驶员,千万不要有"喝酒隔夜就不是酒驾"的错误认识,一定要慎之又慎。

交通事故私了后悔怎么办?

发生轻微交通事故,对于能达成一致的事故双方,往往会选择私了的方式。但有的人在车祸赔偿私了之后却反悔了,该怎么办?

律师提示:

如果当事人"私了"事故自行撤离现场后,对事故事实或赔偿问题又产生争议,可以要求交警队继续处理。前提是,当事人必须提供有各方当事人签名的事故文字记录材料,由交警队办案人员确定当事人责任并制作《交通事故认定书》。如果当事人提供不出事故证据或者无法查证事故事实的,交警队办案人员只会在《交通事故认定书》上载明有关情况,并将《交通事故认定书》交付当事人,由当事人向人民法院提起民事诉讼。

试用期"被炒鱿鱼",可以要求赔偿吗?

春暖花开,此时正是企业火热招聘的时候。如果在试用期中,无故被老板"炒鱿鱼",劳动者可以拿到经济补偿么?

【律师提示】:

根据《劳动合同法》的规定,如果劳动者并无过错,而且用人单位也不能证明劳动者不符合录用条件,用人单位主动辞退劳动者就需要支付经济补偿金。补偿标准为:《劳动合同法》第四十七条规定,经济补偿按劳动者在本单位工作的年限,每满一年支付一个月工资的标准向劳动者支付。六个月以上不满一年的,按一年计算;不满六个月的,向劳动者支付半个月工资的经济补偿。同时第八十七条规定,用人单位违反《劳动合同法》规定解除或者终止劳动合同的,应当依照《劳动合同法》第四十七条规定的经济补偿标准的二倍向劳动者支付赔偿金。

做兼职要签合同吗?

很多有兼职意愿的求职者都有这样的疑问,做兼职需要签合同吗?

律师提示：

做兼职，通常以小时计酬，实际上属于非全日制用工，可要求签署劳动合同，也能订立口头协议。按照《劳动合同法》规定，非全日制劳动者在同一用人单位一般平均每日工作时间不超过四小时，每周工作时间累计不超过二十四小时，不得约定试用期，劳动报酬结算周期最长不得超过十五日。

因此，做兼职的劳动者，也可要求签署劳动合同，约定劳动岗位和劳动时间，薪酬福利和违约责任等重要内容，避免口头约定的不确定性和争议性。当然，做兼职如果不签署劳动合同，一定要选择口碑不错的用人单位，用工管理规范，才能将发生劳动纠纷的风险指数降到最低限度。

劳动合同期限，应该包括试用期吗？

我们都知道，劳动合同期限是劳动合同中必不可少的一部分。那么，试用期是否包含在劳动合同期限内呢？

律师提示：

《劳动合同法》第 19 条规定：试用期包含在劳动合同期限内。劳动合同仅约定试用期的，试用期不成立，该期限为劳动合同期限。约定试用期,需要遵循一些规定:劳动合同期限3个月以上不满1年的,试用期不得超过1个月;劳动合同期限1年以上不满3年的,试用期不得超过2个月;三年以上固定期限和无固定期限的劳动合同,试用期不得超过6个月。

上班员工兼职做微商合法吗?

为了增加收入,很多在职人员兼职做微商。那么,员工开展微商这类的副业,会被公司辞退吗?

【律师提示】:

《劳动合同法》不禁止劳动者从事副业,但是否允许主要应当由职工所在的用人单位规定,这也是《劳动合同法》授予用人单位的用工自主权。根据《劳动合同法》第三十九条的规定,劳动者同时与其他用人单位建立劳动关系,对完成本单位的工作任务造成严重影响,或者经用人单位提出,拒不改正的,用人单位可以与劳动者解除劳动合同。但"微商副业"是否属于法律规定中的"劳动者同时与其他用人单位建立劳动关系",需要根据具体情况进行分析确定。对于从事微商这类需要大量占用工作时间的副业,可以视为不完全履行劳动合同的行为,用人单位可以对其进行处罚甚至辞退。

手术同意书是否有法律效力?

当亲属在做手术前,我们会为其签上一份手术同意书。那么,手术同意书具有法律效力么?

律师提示:

从法律角度来说,签署手术同意书的行为是一种法律授权行为。即:允许医生在患者身体上实施具有一定破坏性的行为。当然,这种破坏性的行为是为了使其康复,手术同意书的存在也就是为了保证这种破坏性的合法性。需要注意的是:手术同意书虽然是一种授权行为,但并不意味着它有免责的效力。根据《合同法》第 53 条规定,造成对方人身伤害的免责条款无效。所以,医院方在实施手术或特殊检查的过程中,如果有过错或过失致患者受损,依然要承担相应民事责任。

打麻将玩牌是犯罪还是娱乐?

春节期间,很多人喜欢和亲朋好友打麻将玩牌取乐。但是您需要注意了,如果您是以营利为目的,或是聚众参与赌博,就可能构成赌博罪。

律师提示:

赌博罪与一般赌博行为的主要区别在于,主观上是否以营利为目的,客观上是否具有聚众赌博、开设赌场、以赌博为业的行为。根据《治安管理处罚法》规定,以营利为目的,为赌博提供条件的,或者参与赌博赌资较大的,处 5 日以下拘留或者 500 元以下罚款;情节严重的,处 10 日以上 15 日以下拘留,并处 500 元以上 3000 元以下罚款。如果构成犯罪,将予以刑事处罚。

新规 @ 微信、QQ 等群主,谁建群谁负责。

如今,一些不法分子常常通过互联网群组传播暴力恐怖、谣言诈骗等违法信息。此时,群主是否有责任对其进行约束管理呢?

律师提示:

《互联网群组信息服务管理规定》于2017 年 10 月 8 日正式施行。《规定》明确提出,互联网群组建立者、管理者应当履行群组管理责任,即"谁建群谁负责""谁管理谁负责",依据法律法规、用户协议和平台公约,规范群组网络行为和信息发布,构建文明有序的网络群体空间。即自觉不以群组来进行违法犯罪活动,还要约束群成员的行为、防止群成员利用群组进行违法犯罪活动。所以群主、管理者不单只是一个身份那么简单,群里的管理和维护任务任重而道远。

别人先动手,你还手,算正当防卫么?

生活中,有时会发生这样的一幕。对方打了你一巴掌,你立马打对方一拳还回去,还理直气壮地说,还手属于正当防卫。

律师提示:

如果遭到对方殴打,可以选择报警、躲避,但是如果还手殴打了对方,造成事态扩大,双方都要承担相应的责任。根据我国《刑法》第二十条的规定,为了使国家、公共利益、本人或者他人的人身、财产和其他权利免受正在进行的不法侵害而采取的制止不法侵害的行为,对不法侵害人造成损害的,属于正当防卫,不负刑事责任。它应该符合五个条件:一、正当防卫所针对的,必须是不法侵害;二、必须是在不法侵害正在进行的时候;三、正当防卫所针对的、必须是不法侵害人;四、正当防卫不能超越一定限度;五、对不法侵害行为人,在采取制止不法侵害的行为时,所造成损害的行为。

欠条的诉讼时效是多久?

随着春节越来越近,很多人打算收回在外飘着的欠款。如果您遇到欠钱不还的情况,可以采取起诉的方式追回欠款。

律师提示:

根据我国《民法通则》规定:一般的欠条诉讼时效为两年。即从欠条规定的时间截止后起算两年内。如果在欠条上并没有规定时间时,则要从借钱的限制时间截止期两年内算。如果在必要情况下可以向法院申请强制执行,这样才能更好地保障还款的成功概率。

最简便的讨债方法。

遇到总是欠钱不还的老赖时,我们除了向人民法院起诉要求债务人履行支付义务外,还可以选择更简捷、迅速的督促程序。

律师提示:

根据债权人的申请,人民法院向债务人发出支付令,以支付令的方式督促义务人在法定期间向债权人清偿债务。支付令是人民法院依照民事诉讼法规定的督促程序,根据债权人的申请,向债务人发出的限期履行给付金钱或有价证券的法律文书。

支付令制作发出后,即产生督促效力,督促债务人履行义务或者督促债务人提出书面异议;如果债务人在法定期间,即收到支付令后 15 日内不提出异议,则支付令产生强制执行力。

欠债还钱,利息怎么给?

亲朋好友之间江湖救急,借钱的事情很常见。那么还钱的时候要不要支付利息呢?

律师提示:

个人之间的借款,在借款合同中没有约定借款利息的,视为无息借款,借款人可以不支付利息。但是借款人逾期还款的,出借人可以按照银行同期贷款利率要求对方支付逾期还款利息。非个人间借款的，即使双方未约定借款利息，出借人也可以要求对方支付利息。借款利息可由双方协商确定，也可以由人民法院结合民间借贷合同的内容，并根据当地或者当事人的交易方式、交易习惯、市场利率等因素确定利息。

定金还是订金？

很多人一听到"ding 金"这个词就一头雾水。因为分不清宝盖头的 "定"和言字旁的"订"，吃了不少亏。

律师提示：

合同上如果写的是宝盖头的"定金"，根据《合同法》及相关规定，如果发生违约时，双方有约定的按照合同约定执行；如果无约定，销售者违约时，"定金"应双倍返还；消费者违约时，"定金"不做退还。而对于言字旁的"订金"，目前法律上没有明确规定，一般可当做"预付款"。"订金"的效力取决于双方当事人的约定。双方当事人如果没有约定，销售者违约时，应无条件退还订金；消费者违约时，可以与销售者协商解决并要求经营者退款。如果双方当事人另有约定，则按照合同约定来执行。

信用卡逾期不还,担保人也要连带偿还。

我们都知道信用卡逾期透支不还,持卡人要负清偿责任。而事实上,不是信用卡持卡人也可能会惹上麻烦,比如信用卡担保人。

律师提示:

担保一般分为一般担保、连带责任担保两种。如果是连带责任保证,担保人承担连带清偿责任。如果是一般保证责任担保,在持卡人不能偿还债务的时候,担保人才承担责任。所以,要看当初担保人和发卡银行签订担保合同时,约定的保证是连带责任担保还是一般责任担保,如果没有对担保方式进行约定或者约定不明确时,担保人按照连带责任承担责任。

信用卡套现违法吗?

当遇到资金周转困难时,很多人往往会通过信用卡套现等手段套取资金进行周转。那么,信用卡套现违法吗?

律师提示:

根据《刑法》第一百九十六条规定,恶意透支信用卡、或使用伪造、作废的信用卡，或冒用他人信用卡的，进行信用卡诈骗活动，数额较大的，处五年以下有期徒刑或者拘役，并处二万元以上二十万元以下罚金。一般情况下，当银行发现用户信用卡交易异常，将采取封卡的措施。

微信聊天记录可以作为借钱证据吗？

当朋友用QQ、微信等这些网络聊天工具来和我们借钱时，聊天记录可以作为借钱的证据么？

律师提示：

网络聊天记录作为一种电子证据，具有数据性、多样性、易复制性、易破坏性等特点。在民间借贷案件中，网络聊天记录作为证据使用，应具备3个方面的条件。①必须具有真实性。②必须具有完整性和关联性。③必须与其他证据形成证据链条。网络聊天记录可以与银行转账凭证、手机银行转账记录、出借人催收借款的电话录音等证据资料形成完整的证据链，证明出借人与借款人之间借贷事实的存在，网络聊天记录可以认定为具有证据效力的证据。

认筹金和诚意金。

有些房地产开发商在开盘时，会要求购房者在购房前先缴纳认筹金和诚意金，来取得优先购买权或是房屋优惠。

律师提示:

认筹金是指开发商正式销售前让购房者缴纳的费用。购房者缴纳了认筹金之后，不仅可以获得一定折扣的优惠，还可以优先购买房屋，一般用来解决开发商的资金问题。诚意金与认筹金类似，都是通过收取一定金额的钱，向购房人承诺一定的优惠，并以此确定购房者的先后顺序。

认筹金和诚意金是否可以退，需要根据协议具体内容来定。如果协议中没有规定不退，也没有规定转为定金，一般情况下是可以退还购房者的。

房子 70 年产权到期后怎么办?

最近，"温州市 600 多套房子住宅用地使用年限到期，要花几十万元延期"的事件引起很多人关注。那么，房子 70 年产权到期后该怎么办呢？

律师提示：

我们所说的房屋产权，其实是由房屋所有权和土地使用权两部分组成的。房屋所有权的期限为永久，而土地使用权在出让时根据开发类型分为不同的使用年限，其中，居住用地为70年。这个70年土地使用权是从开发商在政府手中签下土地使用合同的时候开始算起的。土地使用权到期后怎么办？根据我国《物权法》第149条规定：住宅建设用地使用权期间届满的，自动续期。

房产证的名字 ≠ 房子归谁？

很多人认为，如果房产证上加了自己的名字，那么房子就有自己的一份，但事实并非如此。

律师提示：

房产所有权主要取决于房管局的房产登记，如果房产证与不动产登记簿信息不一致，以不动产登记簿为准。所以，房产证上加名字并不起决定作用，最重要的是在房产登记簿上有你的名字。

房贷批不下来，首付款能退吗？

相信不少购房者都有过这样的经历，贷款买房时，首付交了，贷款却批不下来。那么，已经交了的首付房款是否可以退回呢？

律师提示：

根据《最高人民法院关于审理商品房买卖合同纠纷案件适用法律若干问题的解释》第二十三条规定：商品房买卖合同约定，买受人以担保贷款方式付款、因当事人一方原因未能订立商品房担保贷款合同并导致商品房买卖合同不能继续履行的，对方当事人可以请求解除合同和赔偿损失。因不可归责于当事人双方的事由未能订立商品房担保贷款合同并导致商品房买卖合同不能继续履行的，当事人可以请求解除合同，出卖人应当将收受的购房款本金及其利息或者定金返还买受人。

40 年、50 年、70 年房屋产权有何区别？

我们都知道，房屋产权分 40 年、50 年、70 年这三种情况。那么，这些产权有哪些区别呢？

律师提示:

一般来说，房屋产权由房屋所有权和土地使用权两部分组成。根据土地规划用途的不同，土地的最高使用年限又分为 40 年、50 年和 70 年不等，到期后可重新缴纳土地出让金，获得土地继续使用权。40 年、50 年、70 年产权的区别为：首先是土地规划用途不同，按照我国相关法律法规，我们平常的住宅建设用地最高是 70 年，工业、教育、科技、文化、卫生、体育用地，以及综合用地，最高为 50 年，而商业、旅游和娱乐用地，最高只有 40 年。第二，产权为 70 年的房子可以落户口，而产权为 40 年或者 50 年的房子一般来说不能落户口。同时，生活费用也不一样，70 年产权的住宅，在水电费上是按照民用标准收取，价格相对较低，而非住宅性质的、40 年或 50 年产权的房子，则是按照商用标准来收取，价格要贵很多。

买了二手房，卖家不迁出户口怎么办？

在购买二手房过程中，卖方不及时迁出户口是买方最担心的问题之一。那么，如果买家遇到这样的事情，该怎么办呢？

律师提示:

在实践操作中，购房人很难通过公安机关或法院将原户口强制迁出。在这种情况下,对于买方来说,最好的方式就是通过追究卖方的违约责任或解除合同以减轻自己的损失。所以,购房者在签订房屋买卖合同之前,首先要了解所交易房屋的户口情况。其次,在合同中明确约定户口迁移的时限及违约责任,提高卖房人的违约成本,以此敦促卖房人严格按照合同履行。另外,对于以迁入户口作为主要购房目的的买房人,可以在合同的《补充协议》中约定"若出售方因特殊原因导致最终不能将户口迁出的, 则买方享有单方解除权,且买方已支付的购房款卖方应予全额退还",以此来保障购房者的权益。

租期内提前退租房,押金可以要回吗?

如果租客在租期未到的情况下退房, 房东以此不退还押金是否合理呢?

律师提示:

租客在租期内提前退房,构成了违约,须支付房东一定的违约金,但押金是另一回事。所谓押金,是指一方当事人将一定费用存放在对方处保证自己的行为不会对对方利益造成损害,如果造成损害的可以以此费用据实支付或另行赔偿。因此租房的押金是为了担保房东屋内的设施不被人为损坏,在屋内财物没有损坏的情况下,押金是必须退还的。

什么情况下可以退还彩礼?

婚前"给彩礼",已经成为我国一种约定俗成的习惯。然而有时候,彩礼往往成为压断爱情的最后一根稻草。男女双方在分手后,什么情况下可以退还彩礼?

律师提示:

法定退还彩礼的情形有三种:(一)双方未办理结婚登记手续的;(二)双方办理结婚登记手续但确未共同生活的(以离婚为前提);(三)婚前给付并导致给付人生活困难的(以离婚为前提)。符合这三种情形中的一种,即可退还彩礼,退还多少视情况而定。另外,即便双方共同生活,而且期限很短,如女方对婚姻极度不负责任或者有证据证明女方不是以结婚为目的,或者有欺骗行为导致男方同其领取结婚证的,法院会酌情要求女方在去除正常的支出后，返还剩余的全部或者部分彩礼。

嫁妆是个人财产还是夫妻共同财产？

马上又进入结婚高峰期，想必此时很多待嫁新娘早已激动得睡不着觉。当然，这其中很多人对于嫁妆的归属并不是很清楚。那么，嫁妆是个人财产还是夫妻共同财产呢？

律师提示：

这要根据夫妻领取结婚证的时间来看。如果是在结婚登记前陪送的嫁妆，那么应当认定为女方的婚前个人财产。但如果是领取结婚证后陪送的嫁妆，且女方家人也未明确表示过单给女方的，那么应当认定是夫妻的共同财产。不过有一些特例，在嫁妆中，如果有一些特定的东西，如送给男方的专用饰品、衣物等，即便是领取结婚证后发生的，也可看作是赠予行为，应认为是男方或女方的个人财产。

签了离婚协议，可以反悔吗？

很多时候，夫妻双方在签订离婚协议时，都伴有冲动。

那么,如果签了离婚协议后反悔了,该怎么办?

律师提示:

协议离婚后一方反悔的,应当向原婚姻登记机关申请解决。由婚姻登记机关根据当事人申请的具体情况和理由,做出相应处理。如果当事人一方想夫妻重归于好,另一方也表示同意的,双方可以共同到一方户籍所在地婚姻登记机关申请复婚登记。

离婚了分割的房子怎么过户?

很多夫妻在离婚后,都不知道分割的房子该怎么过户?

律师提示:

一般情况下,夫妻离婚后,可凭法院判决书或者财产分割协议书到房产部门办理产权变更手续,双方就财产达成协议到民政部门办理。需要注意的是:办理时需要夫妻双方都到场同时进行。如果对方不同意协助过户,那么可起诉至房屋所在地法院,要求确认房产权属,然后拿着法院的判决到房屋所在地法院要求办理过户手续。

出嫁女儿可以继承父母遗产吗?

有的父母会说,嫁出去的女儿泼出去的水,女儿嫁出去就是别人家的了。那么,出嫁女儿可以继承父母遗产吗?

律师提示:

根据《中华人民共和国继承法》的规定,在没有遗嘱的情况下,遗产按照这样的顺序来继承:第一顺序:配偶、子女、父母。第二顺序:兄弟姐妹、祖父母、外祖父母。继承开始后,由第一顺序继承人继承,第二顺序继承人不继承。没有第一顺序继承人继承的,由第二顺序继承人继承。这里所说的子女,包括婚生子女、非婚生子女、养子女和有扶养关系的继子女。所以,出嫁的女儿可以继承遗产。

多份遗嘱有冲突,该怎么办?

生活中,常常会有这样的事,一个人生前处理自己的个人财产时,因为摇摆不定,导致最后立下了很多份遗嘱。那么,到底哪一份遗嘱才算数?

律师提示:

我国《继承法》第二十条规定,遗嘱人可以撤销、变更自己所立的遗嘱。立有数份遗嘱,内容相抵触的,以最后的遗嘱为准。

当一个人生前立有多份遗嘱时,其中有公证遗嘱时,以公证遗嘱为准。没有公证遗嘱的,排除无效的遗嘱后,以最后的一份遗嘱为准。

"最终解释权归本店所有"这话有漏洞。

在日常生活中,我们往往会看到一些商家在搞促销活动的同时,标有"最终解释权归本店所有"这句话。其实,这实际上是霸王条款。

律师提示:

"最终解释权归本店所有"这句话不具有法律效力。根据现行的《合同法》第41条规定:对格式条款的理解发生争议的,应当按照通常理解予以解释。对格式条款有两种以上解释的,应当做出不利于提供格式条款一方的解释。格式条款和非格式条款不一致的,应当采用非格式条款。所以,"最终解释权归本店所有"违反了合同法关于合同异议时的解释规定。

KTV 不允许带酒水条款违法吗？

随着春节临近,近几天,亲朋好友聚会也多了起来。在去 KTV 的时候,我们往往会看到"谢绝外带酒水"字样的规定。那么,这条规定合法吗？

律师提示:

根据《消费者权益保护法》第九条规定:消费者享有自主选择商品或者服务的权利。同时,《消费者权益保护法》第二十四条规定:经营者不得以格式合同、通知、声明、店堂告示等方式做出对消费者不公平、不合理的规定,或者减轻、免除其损害消费者合法权益应当承担的民事责任。

餐馆落钱包被人捡走,老板有责任吗？

在餐馆吃饭时不慎将钱包遗落,却遭遇被人捡走的尴尬。在这种情况下,餐馆老板需要负责任么？

律师提示:

根据《合同法》第 374 条规定,保管期间,因保管人保管不善造成保管物毁损、灭失的,保管人应当承担损害赔偿责任,但保管是无偿的,保管人证明自己没有重大过失的,不承担损害赔偿责任。顾客到餐馆吃饭,皮包遗落在餐馆,餐馆工作人员拾得后应妥善保管。当遭遇他人冒领时,餐馆未对冒领人的身份、拾得皮包里的物品进行核实,其重大过失行为是造成财产损失的直接原因,所以,餐馆负责人承担失主部分损失。

微信买到假货如何维权?

如今,利用微信朋友圈做代购的人越来越多。然而,遇到卖家收钱不发货、或出售假货的情形,一部分人却因为是朋友选择忍气吞声。

律师提示:

微信朋友圈的商品交易,在法律上属于"偶发的民事交易行为",它可能基于朋友关系、信任关系、情谊关系等产生,一般是发生在个人之间的偶发交易,这种交易由一般的民事法律来规范,如果遇到假货、遇到违规销售等相关问题,可以依据《民法通则》《合同法》等相关法律来维权。作为消费者,在买朋友圈代购的商品时,要注意:了解清楚卖家的真实身份信息;保留相关的聊天记录,大件物品最好签订书面的买卖协议;保留银行、支付宝等汇款、支付凭据,一般接受汇款的账户同卖方身份要相符。做到这些,卖家如果出现只收钱不发货或者出售假货的情况, 消费者可依据这些证据及时维护自己的权益。

网上叫餐受不受法律保护?

网络订餐已不知不觉大热。如果在网上叫餐时,消费者遇到外卖食品安全问题该怎么办? 会受法律保护吗?

律师提示:

根据 2015 年 10 月 1 日起施行的新修订的《中华人民共和国食品安全法》规定,消费者通过网络食品交易第三方平台购买食品,其合法利益受到损害时,可向入网的食品经营者要求赔偿。如果网络食品交易第三方平台不能如实提供入网经营者真实名称、地址和有效联系方式的,由网络食品交易第三方平台提供赔偿。因此,消费者可直接要求入网食品经营者进行赔偿,也可通过法律诉讼等渠道进行维权。

物业、门卫代收快递件丢了谁来赔?

在收件人不在的情况下, 有些快递员将包裹放在小区

物业管理处、单位门卫室等地方。这种情况下如果快递包裹丢了，该由谁负责呢？

律师提示:

根据交通运输部 2013 年 3 月 1 日施行的《快递市场管理办法》第 17 条规定，经营快递业务的企业投递快件，应当告知收件人当面验收。如果因快递公司工作人员随便放置快递物品而丢失，应由快递公司承担相应责任。如果收件人自己同意快递员将包裹放置在小区物业管理处或单位门卫室，如果物业管理人员与单位门卫并没有签收包裹，则物业与业主、单位与职工之间没有形成保管合同关系，收件人应当预料到包裹丢失的风险，自己对此担责。

"买一赠一"赠送商品有问题能赔偿吗？

如今，超市、商场通常会利用"买一赠一"的手段来促销商品。那么，当消费者购买了这种优惠商品时，发现赠送的商品存在质量问题，可以要求赔偿吗？

律师提示:

"买一赠一"中的赠予，不是无偿的，而是通过购买价值更大的商品,才能获得赠送的商品,就是说这种赠予行为是附义务的,赠送的商品仍是有偿所得。在"买一赠予"的买卖合同关系中,消费者负有支付商品价款的义务,享有领受商品和赠品的权利;商家则享有受领价款的权利,承担按约定提供商品的义务,并有义务按买卖合同给付赠品,同时保证赠品质量。因此,当赠予商品有质量问题,超市、商场等销售者仍然有承担产品质量的责任,消费者可以请求赔偿。

微信转错账后被拉黑怎么办?

如今,为了图省事,很多人都利用微信这一平台来实现转账。那么,如果不慎转错账,钱又要不回来,我们该怎么办呢?

律师提示:

对于收款人来说,这笔"飞来横财"属于不当得利。根据《民法通则》第九十二条规定:没有合法根据,取得不当利益,造成他人损失的,应当将取得的不当利益返还受损失的人。如果事主发现微信转账有误,应及时联系对方,说明情况,要求对方退还,对方负有返还的义务。

如果对方拒不退还,事主可以以不当得利向法院起诉对方。需要提醒的是,微信转错账后,一定要注意保存好自己的微信转账记录和银行卡明细,作为证据提交。

房屋漏水找谁赔?

房屋漏水是一件很糟心的事儿。那么,如果遇到这种事,该找谁索赔呢?

律师提示:

根据《物权法》第九十二条规定:"不动产权利人因用水、排水、通行、铺设管线等利用相邻不动产的,应当尽量避免对相邻的不动产权利人造成损害;造成损害的,应当给予赔偿。"如果因楼上业主装修或铺设水管造成楼下住户"受水",楼上住户应对给楼下住户造成的损害承担赔偿责任。如果房子还在保修期内,又不是人为破坏,不管是受损业主还是楼上邻居业主,都应及时让开发商进行修补处理。

在网上骂人违法吗?

很多人因为一些小纠纷,在网上对别人进行辱骂和人身攻击。这样做不仅是不道德的行为,更是一种违法行为。

律师提示:

根据《中华人民共和国民法通则》第一百零一条规定：公民、法人享有名誉权,公民的人格尊严受法律保护,严格禁止用侮辱、诽谤等方式损害公民、法人的名誉。如果是情节严重的辱骂行为将会涉嫌侮辱罪。《刑法》第二百四十六条规定：以暴力或者其他方法公然侮辱他人或者捏造事实诽谤他人,情节严重的,处三年以下有期徒刑、拘役、管制或者剥夺政治权利。

图书在版编目(CIP) 数据

律师在线 / 王萍主编. — 太原:山西经济出版社,
2019.11

ISBN 978-7-5577-0504-6

Ⅰ . ①律… Ⅱ . ①王… Ⅲ . ①案例—中国 Ⅳ .
①D920.5

中国版本图书馆 CIP 数据核字 (2019) 第 098088 号

律师在线
lüshi zaixian

主　 编:	王　萍
出 版 人:	张宝东
项目总监:	李慧平
出版策划:	陈彦玲 (特邀)
责任编辑:	吴　迪
复　 审:	申卓敏
终　 审:	李慧平
装帧设计:	壹 971

出 版 者:	山西出版传媒集团·山西经济出版社
社　 址:	太原市建设南路 21 号
邮　 编:	030012
电　 话:	0351-4922133 (发行部)
	0351-4922085 (总编室)
E-mail:	scb@sxjjcb.com (市场部)
	zbs@sxjjcb.com (总编室)
网　 址:	www.sxjjcb.com

经 销 者:	山西出版传媒集团·山西经济出版社
承 印 者:	山西科林印刷有限公司

开　 本:	787mm ×1092mm　1 / 16
印　 张:	20
字　 数:	150 千字
版　 次:	2019 年 11 月　第 1 版
印　 次:	2019 年 11 月　第 1 次印刷
书　 号:	ISBN 978-7-5577-0504-6
定　 价:	69.00 元